MW01711841

# À quoi sert la sociologie ?

*Sous la direction de*
*Bernard Lahire*

# À quoi sert la sociologie ?

**La Découverte / Poche**
9 *bis*, rue Abel-Hovelacque
75013 Paris

Cet ouvrage a été initialement publié en 2002 aux Éditions La Découverte dans la collection « Textes à l'appui / série laboratoire des sciences sociales »

Catalogage Électre-Bibliographie

À quoi sert la sociologie ? / dir. LAHIRE, Bernard. - Paris : La Découverte, 2004 (La Découverte/Poche ; 184. Sciences humaines et sociales).
ISBN 2-7071-4421-5

| | |
|---|---|
| RAMEAU : | épistémologie de la sociologie<br>sociologie : philosophie |
| DEWEY : | 301.1 : Sociologie. Généralités. Méthodes.<br>Introducions. Dictionnaires. |
| Public concerné · | Niveau universitaire |

# Introduction

*Bernard Lahire*

> Si un jour, les contribuables, pour admettre l'utilité du cours de mathématiques transcendantes au Collège de France, devaient comprendre à quoi servent les spéculations qu'on y enseigne, cette chaire courrait de grands risques.
>
> E. Renan, *L'Instruction supérieure en France*

À quoi servent les médecins, les agriculteurs ou les sapeurs-pompiers ? Des réponses simples viennent immédiatement à l'esprit de tout un chacun : à soigner, à produire des moyens de subsistance, à sauver des vies. Mais les divers corps de métier composant la formation sociale sont inégalement justifiés d'exister et inégalement travaillés par la question de leur utilité sociale. « À quoi sert la sociologie ? » La question est à la fois radicale et provocatrice. Lorsqu'on exerce une activité, on est rarement amené à se poser de façon permanente la question de savoir quelle est sa « raison d'être ». Ceux qui la pratiquent lui trouvent au moins une utilité : celle de leur « convenir ». Divertissement comme un autre, la sociologie occupe l'esprit et le temps de ceux qui la servent et les dispense ainsi de se demander à quoi peut bien servir ce qu'ils font.

Mais ce sont en premier lieu les « débutants » qui, avec leur « naïveté » d'entrants, formulent des questions que les professionnels peuvent finir par oublier de se poser du fait de leur engagement dans des jeux dont le fondement et la raison d'être restent fréquemment ininterrogés. Quel enseignant de sociologie n'a pas déjà entendu dans la bouche de ses étudiants l'interrogation : « Mais à quoi sert donc la sociologie ? » Question qui peut aussi bien cacher des inquiétudes, prosaïques mais bien compréhensibles, du type : « Quel débouché professionnel puis-je espérer atteindre avec tel diplôme universitaire de sociologie ? », que des interrogations scientifiquement plus lourdes pour la discipline elle-même, du type : « Pourquoi, dans quel but, avec quels objectifs, etc., doit-on faire l'analyse du monde social ? » ou « Quel rôle joue la sociologie dans le cours de l'histoire et dans les changements sociaux ? »

Aussi normales qu'elles puissent être, de telles questions se posent d'autant plus que l'on a affaire, d'une part, à une discipline académiquement et scientifiquement moins légitime que d'autres (par exemple, la physique, la chimie, les mathématiques, les neurosciences, etc.) et, d'autre part, à une science contrainte, par son objet même, à rencontrer plus fréquemment que d'autres des demandes de justification ou des remises en question de ses résultats.

Concernant le premier point, il est évident que si l'interrogation « à quoi ça sert ? » est moins fréquente en physique qu'en sociologie, c'est pour des raisons à la fois de légitimité académique plus forte et de débouchés professionnels plus clairs et plus diversifiés. Pour se convaincre de ce fait, il suffit d'imaginer un monde social où le statut de sociologue serait globalement reconnu, valorisé et valorisant et où obtenir son doctorat de sociologie permettrait avec certitude d'atteindre une profession et un statut social enviable. On peut concevoir aisément qu'une telle situation d'ensemble donnerait immédiatement sens et valeur à l'enseignement de la sociologie. Le fait de ne pas savoir à quoi sert la sociologie n'est donc pas exclusivement lié à sa spécificité. Le sentiment d'utilité ou d'inutilité d'un savoir provient souvent moins de la nature de ce savoir que de sa valeur académique et extra-académique (faible ou fort prestige des études, faibles ou forts débouchés professionnels, petites ou grandes renommées des emplois occupés). La haute légitimité et la grande valeur (économique et symbolique) que le monde social attribue à certaines activités coupent court à toute interrogation un peu forte sur les raisons et l'utilité de ces dernières.

Pour ce qui est du second point, étant donné qu'elle porte son attention sur sa propre société (à la différence d'une partie de l'anthropologie et des spécialistes d'autres sociétés ou d'autres aires civilisationnelles) et sur des faits contemporains (à la différence de l'histoire), étant donné qu'elle remplit souvent une fonction critique, et, enfin, que ses résultats sont lisibles par les « objets » même de ses recherches (à la différence d'une grande partie de l'histoire qui parle des morts ou d'une partie de l'anthropologie qui s'intéresse à des populations ne partageant ni la même langue, ni la même culture que l'anthropologue, mais aussi et surtout à la différence de toutes les sciences de la matière et de la vie qui n'ont pas pour objets des lecteurs potentiels), la sociologie est l'une des rares sciences qui est forcée, pour faire tomber les malentendus, de passer autant de temps à expliquer et justifier sa démarche qu'à livrer les résultats de ses analyses.

La situation (sociale, académique et cognitive) singulière de la sociologie est donc tout particulièrement inconfortable. Car non seulement il est épuisant d'avoir sans arrêt à répondre à la question « à quoi ça sert ? », mais le plus gênant réside dans le fait que la réponse « ça ne sert à rien » est souvent déjà dans l'esprit de celui qui pose une telle question. C'est pour cela que tout sociologue qui prétend faire œuvre scientifique et, par conséquent, défendre son indépendance d'esprit contre toute imposition extérieure à la logique de son métier, est amené un jour ou l'autre à défendre, discrètement ou rageusement, sa liberté à l'égard de toute espèce de demande sociale (politique, religieuse, économique, bureaucratique... [1]).

---

1. On lira avec intérêt ce qu'écrivait Nicolas Herpin à propos d'une partie des sociologues nord-américains (parmi lesquels H. S. Becker, E. Goffman, I. L. Horowitz,

Ces mises à distance des demandes d'utilité prennent des formes différentes selon les auteurs et les contextes. Par exemple, Émile Durkheim pouvait insister sur l'indifférentisme de principe que doit adopter la sociologie vis-à-vis des conséquences pratiques de ses découvertes lorsqu'il établissait une différence nette entre sociologie de l'éducation (qui dit « ce qui est ») et théories pédagogiques (qui déterminent « ce qui doit être ») : « La science, écrivait-il, commence dès que le savoir, quel qu'il soit, est recherché pour lui-même. Sans doute, le savant sait bien que ses découvertes seront vraisemblablement susceptibles d'être utilisées. Il peut même se faire qu'il dirige de préférence ses recherches sur tel ou tel point parce qu'il pressent qu'elles seront ainsi plus profitables, qu'elles permettront de satisfaire à des besoins urgents. Mais en tant qu'il se livre à l'investigation scientifique, il se désintéresse des conséquences pratiques. Il dit ce qui est ; il constate ce que sont les choses, et il s'en tient là. Il ne se préoccupe pas de savoir si les vérités qu'il découvre seront agréables ou déconcertantes, s'il est bon que les rapports qu'il établit restent ce qu'ils sont, ou s'il vaudrait mieux qu'ils fussent autrement. Son rôle est d'exprimer le réel, non de le juger. » [Durkheim, 1977, p. 71.]

Le sociologue peut aussi résister à l'appel de l'utilité (rentabilité) économique des savoirs. Comme l'écrivait Raymond Aron dans sa préface à la traduction de l'ouvrage de Thorstein Veblen, *The Theory of the Leisure Class*, « la curiosité sans autre souci que la connaissance, sans autre discipline que celle qu'elle s'impose à elle-même, sans considération de l'utilité qui, dans la civilisation pragmatique et pécuniaire, demeure celle de quelques-uns et non de tous, cette curiosité livrée à elle-même offre une garantie contre le despotisme de l'argent, une chance de progrès et de critique » [Aron, 1978, p. XXIII].

---

R. Merton et O. Lewis) qui, dans les années 1960, vont réagir contre les tendances à la « myopie » caractérisant les sociologues « séculiers ». Ces derniers, financés par les agences officielles, les entreprises privées ou les fondations, acceptent docilement d'enquêter sur commande à propos de problèmes qui leur sont désignés mais qu'ils ne définissent pas eux-mêmes [Herpin, 1973].

Il peut enfin voir ce que la « noble utilité » peut cacher de servilité à l'égard des dominants (culturellement, politiquement, religieusement, économiquement...) et considérer que la production de vérités sur le monde social va souvent à l'encontre des fonctions sociales de légitimation des pouvoirs qu'on peut vouloir faire jouer à la sociologie : « Aujourd'hui, parmi les gens dont dépend l'existence de la sociologie, il y en a de plus en plus pour demander à quoi sert la sociologie. En fait, la sociologie a d'autant plus de chances de décevoir ou de contrarier les pouvoirs qu'elle remplit mieux sa fonction proprement scientifique. Cette fonction n'est pas de servir à quelque chose, c'est-à-dire à quelqu'un. Demander à la sociologie de servir à quelque chose, c'est toujours une manière de lui demander de servir le pouvoir. Alors que sa fonction scientifique est de comprendre le monde social, à commencer par les pouvoirs. Opération qui n'est pas neutre socialement et qui remplit sans aucun doute une fonction sociale. Entre autres raisons parce qu'il n'est pas de pouvoir qui ne doive une part – et non la moindre – de son efficacité à la méconnaissance des mécanismes qui le fondent. » [Bourdieu, 1980, p. 23-24.]

Contre les injonctions multiformes de production d'un « savoir utile », les savants ont toujours eu à lutter pour la « curiosité gratuite » ou la « recherche de la vérité » en elle-même et pour elle-même. Et c'est bien comme cela qu'il faut interpréter la position radicale – et à bien des égards provocatrice – d'un philosophe comme Peirce qui, comme le rappelle Jacques Bouveresse, « croyait plus que quiconque que la motivation principale du scientifique et du philosophe doit être la recherche de la vérité pour la vérité et qu'elle n'a aucun rapport direct avec l'amélioration de sa propre existence, la défense des intérêts de la société ou la promotion d'une forme plus démocratique de coexistence et de coopération entre les hommes » [Bouveresse, 1996, p. 140]. En même temps, les sociologues sont de cette façon contraints à une justification qui peut s'avérer très productive, car ce n'est pas dans les conditions les moins incommodes que le savoir scientifique et la réflexivité connaissent les plus grandes avancées [2]. Il faudrait ainsi se demander qui (dans quelle condition ? dans quelle position ? dans quel rapport à son objet ?) a intérêt à dire quel type de vérité sur le monde social ?

À quoi sert la sociologie ? À qui sert la sociologie ? La sociologie doit-elle nécessairement servir à quelque chose ? Ou, pour poser autrement la question, à quoi ne doit-elle surtout pas servir ? Et si la sociologie doit avoir une quelconque utilité, quelle doit en être la nature : politique (sociologue-expert, sociologue-conseiller du prince, sociologue donnant des armes de luttes aux dominés de toute nature), thérapeutique (la sociologie comme socio-analyse et moyen de diminuer ses souffrances au moyen de la compréhension du monde social et de ses déterminismes), cognitive (la sociologie comme savoir n'ayant d'autre objectif que celui d'être le plus rationnel et le plus largement fondé empiriquement) ? Comment le monde social s'en saisit-il et s'en sert-il réellement, même lorsque ceux qui la pratiquent prétendraient ne viser aucune utilité extra-scientifique ? Voilà une série de questions qui tournent autour de l'utilité et de l'inutilité, effectives ou souhaitées, de la sociologie et auxquelles s'efforcent de répondre les auteurs de ce livre.

Ils l'ont fait de différentes façons, en s'efforçant d'expliciter les présupposés de leur manière de faire de la sociologie et le type d'utilité (ou de non-utilité) qu'elle peut viser, en traitant de la question des conditions de l'engagement (de nature politique ou scientifique) des sociologues dans les débats publics et les luttes sociales, en interrogeant la fonction critique d'une grande partie des travaux sociologiques ou en faisant l'analyse des formes de professionnalisation du métier de sociologue. Une autre manière de répondre à la question, absente de cet ouvrage parce qu'inexistante dans le champ des recherches sociologiques contemporaines, supposerait d'écrire un chapitre de la sociologie des usages sociaux effectifs et de la réception différenciée

2. Le même Peirce écrivait ainsi : « Là où il y a une classe étendue de professeurs académiques, à qui on donne de bons revenus et que l'on considère comme des messieurs, la recherche scientifique ne peut que s'alanguir. Partout où ces bureaucrates appartiennent à la classe la plus cultivée, la situation est encore pire. » [Peirce, 1.51.]

des travaux sociologiques par des institutions, des groupes ou des individus singuliers. Il s'agirait alors de décrire et d'analyser les fonctions sociales remplies (ou les services rendus) par les différents types de sociologie : « À quoi sert réellement telle ou telle sociologie ? » ou « Comment les acteurs sociaux se servent-ils des publications sociologiques qu'ils peuvent lire ? » Il y a fort à parier qu'une sociologie des réceptions réelles des productions sociologiques serait riche en surprises, car entre les intentions des « producteurs » et les usages réels par les « consommateurs » (communautés savantes, médias, partis ou syndicats, État, corps professionnels concernés par les recherches ou simples « particuliers »), il y a parfois un gouffre. Un tel chantier gagnerait de toute évidence à être ouvert, plus utile que nombre des abstractions épistémologiques contemporaines produites par des sociologues qui demeurent enfermés dans les limites du commentaire de textes (théoriques, cela va de soi) et ignorent ainsi à peu près complètement le monde social qu'ils sont pourtant censés avoir pour objet…

Les questions, telles qu'elles sont différemment reformulées par les auteurs de cet ouvrage, et les réponses qu'ils ont commencé à y apporter, sont en fait à lire comme des incitations à la réflexion collective et au travail de recherche sur le métier de sociologue, ses fonctions sociales et ses rapports aux contextes socio-historiques dans lesquels, qu'on s'évertue à l'oublier ou non, il s'inscrit.

*Post scriptum* : Quelques jours avant la remise de cet avant-propos à l'éditeur, nous apprenions la mort de Pierre Bourdieu. Je lui avais demandé, au tout début de cette entreprise, une contribution à ce volume car tout le monde savait à la fois l'importance qu'il accordait à une sociologie de la sociologie, mais aussi son évolution intellectuelle sur la question de l'engagement du sociologue. Sa charge de travail et ses multiples engagements l'avaient amené à décliner, très gentiment, l'offre que je lui faisais. Plusieurs chapitres de cet ouvrage montrent bien à quel point il était – implicitement ou explicitement– présent dans la réflexion menée sur la question de l'utilité de la sociologie. On pourra les lire comme des hommages en acte.

Lyon, le 2 février 2002.

## Références bibliographiques


ARON R. (1978), « Avez-vous lu Veblen ? », *in* T. VEBLEN, *Théorie de la classe de loisir*, Gallimard-Tel, Paris.

BOURDIEU P. (1980), *Questions de sociologie*, Minuit, Paris.

BOUVERESSE J. (1996), *La Demande philosophique*, Éditions de l'Éclat, Paris.

DURKHEIM É. (1977), *Éducation et sociologie*, PUF, Paris.

HERPIN N. (1973), « Les militants ou la fin des sociologues séculiers ? », *Les Sociologues américains et le siècle*, PUF, Paris, p. 147-158.

PEIRCE C. S. (1987), *The Collected Papers of C. S. Peirce*, vol. 5, édité par Ch. Harsthorne et P. Weiss (1931-1935), Harvard University Press, Cambridge, Mass.

# 1

# La sociologie, forme particulière de conscience[1]

*François de Singly*

La question « À quoi sert la sociologie ? » semble pouvoir recevoir une réponse – calquée sur une expression de Bernard Lahire [1996] qui, lorsqu'il prend la direction de *Critiques sociales*[2], déclare que cette revue « est scientifiquement et socialement utile » : la sociologie serait doublement utile. Or, à regarder cet énoncé de plus près, on s'aperçoit que le « et » est problématique : qu'il existe des textes scientifiquement utiles, soit ; qu'il existe des textes socialement utiles, soit. Mais à quelles conditions, par quelles procédures, ces textes peuvent-ils appartenir à la même catégorie ? Cette articulation entre les justifications scientifique et sociale ne me semble pas suffisamment analysée en sociologie. En effet, domine plutôt un schème qui tend à séparer ces deux niveaux et à critiquer ceux qui les confondent. Pierre Bourdieu, à propos du marché des biens symboliques [1971], distingue ainsi deux pôles : la production restreinte dont le mode de reconnaissance et l'accumulation du capital dépendent des pairs, la production large dans laquelle la

1. Ce titre reprend celui du deuxième chapitre de *Comprendre la sociologie* [Berger, 1973].

2. Qui regroupe « des chercheurs en sciences sociales et des militants des différents horizons de la gauche ».

validation provient du public, d'instances non scientifiques (ou littéraires, tout dépend de la nature du champ). Dans cette perspective, il y aurait dans les sciences sociales des recherches « scientifiques » et d'autres recherches, d'autres textes dont la valeur scientifique est moindre, même si ces derniers sont écrits par des individus ou des groupes relevant du même champ. Le pôle de production restreinte serait scientifiquement utile, le pôle de production large serait socialement utile peut-être, mais ne devrait pas recevoir l'étiquette « scientifique ». Une ligne de partage séparerait en conséquence savant et ingénieur du social, savant et expert, savant et intervenant : ces catégories sont utilisées surtout par ceux qui se réclament de la science pour dévaloriser le travail des autres, ou pour observer la dégradation des conditions de la recherche [Godin, Trépanier, 2000].

Dans un tel cadre théorique, l'idéal est l'autonomie du chercheur qui ne doit pas répondre à la demande des commanditaires politiques, administratifs, ou des commentateurs médiatiques. Le silence qui entoure les travaux du sociologue est une preuve de sa coupure avec le monde de la production large alors qu'au contraire le succès est le signe de la compromission : le sociologue écouté est celui qui reprend le sens commun. Malheureusement, ou heureusement, des sociologues du premier cercle (il faut remarquer que les autres n'adoptent pas un tel schème théorique) peuvent avoir du succès dans les médias. Le « scientifiquement utile » peut rejoindre le « socialement utile » – perceptible par cette réception – sans pour autant que les raisons d'une telle alliance deviennent compréhensibles : pourquoi des individus, ou des institutions, aveuglés par leur sens commun et par leurs intérêts particuliers, prêtent-ils attention à des énoncés scientifiques ?

Il me semble nécessaire de soumettre à la critique la réponse à la question posée par cet ouvrage, « À presque rien (socialement), sinon à faire de la science ». Comme c'est celle que j'ai apprise pendant ma socialisation sociologique, opérée dans le cadre de la théorie du Centre de sociologie européenne [3] avec *Le Métier de sociologue* [Bourdieu, Chamborédon, Passeron, 1968] comme ressource principale [4], on comprendra pourquoi ce chapitre prend la forme d'un roman d'apprentissage sociologique. Les autres réponses étaient laissées, m'a-t-on alors expliqué, aux sociologues ne sachant pas différencier « objet social » et « objet sociologique », trop sensibles aux pressions des médias, des politiques. La demande sociale était alors un mot grossier que d'autres utilisaient – le clivage le plus fort séparait la « vraie » sociologie et la « psychosociologie », au service d'intérêts sociaux, et pire, d'intérêts patronaux. Or, progressivement, la sociologie m'est apparue doublement utile. Cela m'a conduit à ne plus séparer « par une frontière infranchissable les "jugements de fait" et les "jugements de valeur" » [Boltanski, Chiapello, 1999, p. 31], et à intégrer plus explicitement dans le raisonnement sociologique les valeurs qui sous-tendent bon nombre de raisonnements sociologiques.

## « Cela sert à faire de la science »

La réponse « Cela sert à faire de la science » était justifiée par le modèle d'Émile Durkheim : chasseur de prénotions [1963], enfermé dans son projet de sociologie scientifique, il savait résister. Or la publication des trois volumes de *Textes* en 1975 a dévoilé une autre image de Durkheim : c'est ainsi qu'il s'est servi du *Suicide* [1963] et de sa théorie de l'intégration pour prendre position contre le rétablissement du divorce par consentement mutuel menaçant le lien conjugal [1975]. On découvre qu'au-delà des règles de la méthode, la sociologie ne vaut pas « une heure de peine si elle ne devait avoir qu'un intérêt spéculatif » [1967]. Durkheim citoyen et politique se cachait derrière Durkheim savant, le premier se vouant à la science, le second voulant

3. Devenue progressivement la théorie de Bourdieu. [Singly de, 1998.]

4. En 1970, je m'inscris en thèse de troisième cycle, sous la direction de J.-C. Passeron : *L'intériorisation de la normativité dans le cercle domestique*.

en tirer des enseignements pour le bon fonctionnement de la société. Plus précisément, la lecture de ses *Textes*, de son *Journal* [1969], de ses livres, montrait qu'il s'agissait non pas seulement d'une diffusion des résultats de la sociologie scientifique vers la société, mais aussi d'une rétroaction puisque les soucis de Durkheim en tant que citoyen républicain irradiaient complètement sa pensée sociologique ; dans son cours sur *L'Éducation morale* [1963], n'y a-t-il pas des chevauchements constants entre les deux niveaux de réalité ?

La rupture épistémologique constituait-elle une représentation exacte du travail sociologique puisque les intérêts de la société n'étaient pas oubliés dans le cabinet du sociologue préoccupé par les intérêts de la science ? La sociologie avait des fonctions externes dont *Le Métier de sociologue* parlait peu et conseillait peu. La seule recommandation était la mise à distance – perceptible par exemple dans le fait de ne pas signer les pétitions [5] – qui signifiait non pas de l'indifférence, mais exprimait le travail spécifique du sociologue. Tout se passait comme si les fonctions externes de la sociologie n'étaient pas centrales du point de vue de la construction de la discipline comme science. Mais comment comprendre cette ignorance, relative, alors que, lorsqu'il s'agissait de rendre compte de l'institution scolaire, le mouvement contraire était lancé : une plus grande attention aux fonctions externes (la contribution à la reproduction sociale) qu'aux fonctions internes (comme le rapport pédagogique, ou même la transmission du savoir) ?

Quand j'étais « croyant » dans cette vision savante du monde, ce parti pris ne me gênait pas trop puisque de toute façon les individus étaient des « agents » qui étaient surtout agis, le plus fréquemment à leur insu, par les déterminants sociaux – même si à la fin, toujours à la fin des livres, en « ouverture », les auteurs laissaient entendre que la prise de conscience des déterminations

5. Quelle ne fût pas ma surprise de constater que, quelques décennies plus tard, il était du devoir du sociologue de les signer.

était possible, et utile – et surtout pas des « acteurs[6] ». Ce qui importait avant tout c'était de se méfier de l'expérience des hommes et des femmes, de leurs manières de se raconter. Il fallait rompre avec « le sens commun[7] ». Le malheur des sciences de l'homme, est-il affirmé dans *Le Métier de sociologue* (et dans le cours télévisé vulgarisant son contenu), est d'avoir un objet qui parle. L'urgence n'était donc pas de rendre compte aux individus de leurs pratiques, des raisons objectives, ou du sens objectif de leurs conduites ; elle était d'élaborer de la science. Progressivement, cette posture m'a gêné, elle me semblait, pour une part, méprisante pour les individus qui, en quelque sorte, restaient dans l'ignorance, croyant naïvement dans le sens vécu de leurs conduites. Ne fallait-il pas réhabiliter d'une manière ou d'une autre les individus, et ce d'autant plus que les sociétés contemporaines accordaient plus de place à l'individu ? Jusqu'où un modèle conçu à partir de sociétés traditionnelles au sein desquelles le groupe l'emporte sur l'individu reste-t-il pertinent pour expliquer une société au sein de laquelle l'individu est plus autonome de son groupe d'origine ? Mon travail sur les stratégies matrimoniales de reproduction me conduisait à cette interrogation. Les réponses reçues théoriquement ne me satisfaisaient pas entièrement, même si les objections étaient entendues[8] : l'indi-

6. À l'époque – on peut en sourire aujourd'hui – une des frontières, implicites, entre la « vraie » sociologie et d'autres sociologies, était perceptible dans les usages des termes « agent » et « acteur ». Une histoire de la sociologie française, dans la seconde moitié du XXe siècle, pourrait être dessinée à partir d'une étude systématique des apparitions de ces deux mots. Si, comme Pierre Bourdieu l'affirme, le propre du sociologue est de « décrire la logique des luttes à propos des mots » [1987, p. 71], il faudrait démontrer comment ces luttes se sont déroulées, et qui, à terme, l'a emporté… On remarquera seulement que les déclarations de principe sur l'objectivation du « sujet objectivant » n'ont pas été si souvent suivies d'effets, c'est-à-dire, d'enquêtes précises.

7. Nom emblématique de la collection dirigée par Pierre Bourdieu aux éditions de Minuit. On observera que la nouvelle collection se nomme « Liber. Raisons d'agir ».

8. Il faudrait également analyser systématiquement la manière dont les objections sont anticipées, pour une part dans les notes, ou comprises par la reprise dans les textes suivants. Un seul exemple, à propos des stratégies matrimoniales de reproduction. La question porte sur la surestimation de l'homogénéité du groupe domestique, de ses intérêts : « N'ignorez-vous pas les tensions et les conflits inhérents par exemple à la vie commune. » La réponse [Bourdieu, 1987, p. 86] est représentative du modèle de rectification, propre à cette théorie : « Les stratégies matrimoniales sont souvent la résultante des rapports de force au sein du groupe domestique… » Le signal est donné que le message est entendu – « la femme […] tend à renforcer sa position en cherchant à trouver un

vidu conservait, et conserve, un statut mineur, quelqu'un à qui il faut expliquer les raisons objectives – les « vraies » raisons du point de vue scientifique – de sa conduite, sans savoir comment la connaissance de ces raisons pouvait engendrer un nouvel individu. La psychanalyse qui a un point de départ comparable estime cependant qu'après une analyse l'individu non seulement a pris conscience de son histoire, mais aussi s'est transformé pour devenir davantage maître de lui-même pour son avenir.

Or dans le cadre de la sociologie objectiviste, exposée dans *Le Métier de sociologue*, à quoi sert la mise à disposition de la société de la sociologie ? À susciter des résistances[9] qui révèlent le bien-fondé de la distance entre le discours savant et le sens commun ? Mais que devient ce sens commun quand il incorpore des schèmes savants ? Lorsque Pierre Bourdieu évoque cette question, il prend l'exemple des catégories – « peut-être certains de mes termes classificatoires figureront-ils un jour sur les cartes d'identité » [1987, p. 69] – c'est-à-dire des transformations des catégories savantes en « variables d'État » (selon la terminologie de Thévenot). Il reste au niveau de l'objectivation du monde social sans aborder la manière dont s'articule ce niveau avec celui de la subjectivation du monde[10]. C'est pourtant dans cette jonction que se joue aussi une des fonctions de la sociologie.

Prenons le cas des *Héritiers* [Bourdieu, Passeron, 1964]. Comment rendre compte de son succès considérable au sein d'une génération ? Pourquoi la théorie exposée dans ce grand livre ne permet-elle pas de comprendre les conditions de sa réception ? Doit-on faire comme si ce succès n'existait pas – ce

parti dans sa lignée » – mais rien n'est écrit sur la manière dont s'articule cet intérêt personnel à celui de son groupe d'origine, sur la relative, éventuelle, autonomie, de l'intérêt personnel.

9. Voir P. Bourdieu [1987, p. 9] où l'auteur explique que son objectif est de soulever « le maximum de résistance ».

10. Dans cet article, on s'est centré sur « le » Bourdieu de la première période qui dure jusque dans les années 1980. La seconde période pendant laquelle il franchit « les frontières entre savoir positif et pensée normative » [Colliot-Thélène, 1995, p. 632] débute surtout à partir de *Raisons pratiques* [1994]. À ma connaissance, même lorsque le tournant est souligné, aucun texte dans la perspective de Bourdieu ne justifie cette périodisation. En effet pourquoi le passage n'est-il pas possible auparavant ?

qui semble la posture adoptée le plus fréquemment – comme si la seule lecture « scientifique » comptait, comme si la fonction interne l'emportait ? C'est lors d'une enquête de terrain qu'une enquêtrice de la génération des « héritiers » m'a vendu la mèche : cette femme d'origine populaire avait lu avec plaisir ce livre, le monde de l'université était peuplé d'héritiers, mais elle y était. Ce livre qui dénonce le sens commun du « don » renforce une autre dimension de ce sens, celle du « mérite », sans l'énoncer explicitement. C'est au moment même où l'université devient progressivement de masse que *Les Héritiers* sont écrits, et lus par un public, nouveau et avide de justifier sa présence [11] dans un espace improbable. Le titre faisant explicitement référence au « monde domestique », selon la terminologie de Boltanski et Thévenot [1991] démontre l'injustice des « grands » qui sont à l'aise dans l'institution universitaire. Boltanski dans « Ce dont les gens sont capables » [1990] souligne que l'on peut « voir les personnes engagées dans des affaires d'injustice reprendre explicitement, et presque dans les mêmes termes, pour faire preuve et appuyer leur position, telle analyse ou tel concept empruntés à des sociologues du moment » [p. 37]. Pour se grandir, les non-héritiers ont, prenant appui sur le livre de Bourdieu et Passeron, diminué la taille symbolique des héritiers en abaissant leur mérite.

Écrire cela n'enlève rien à la production des connaissances contenues dans le livre, mais cela fournit au moins une esquisse de réponse « externe » à la question « à quoi sert la sociologie ? » : à ses lecteurs ! Reste à savoir pourquoi Bourdieu et Passeron n'ont pas plus explicité les usages sociaux du travail sociologique dans *Le Métier de sociologue*. En tout cas la sociologie de la sociologie – et même l'épistémologie – devrait davantage se centrer sur une sociologie de la réception de la sociologie : à ne pas le faire, l'une et l'autre contribuent à prendre pour équivalents les deux énoncés, « la sociologie cela sert à faire de

11. L'intérêt de cette interprétation est de rapprocher la trajectoire sociale des lecteurs et celle – non connue à l'époque – de ses auteurs. Resterait à s'interroger sur les différences de lectorat entre *Les Héritiers* et *L'École capitaliste en France*.

la science » et « la sociologie cela ne sert qu'à faire de la science ». Cette équivalence – qui semble accorder une autonomie plus que relative à la science – a des effets à l'intérieur de la discipline, par exemple la disqualification de certains « concurrents » dont les œuvres peuvent être utiles socialement.

Mais la réception des travaux de sociologie ne permet pas seulement de voir les fonctions « externes » de la science ; elle interroge également les manières de faire de la sociologie. Pour François Dubet, une théorie « crédible » doit, non seulement répondre « à des critères internes de scientificité », mais aussi être « proche de l'expérience des acteurs » [1994a, p. 92]. Une théorie doit, idéalement, reposer sur deux types de reconnaissance, celle des pairs qui approuvent la mise en œuvre du travail scientifique, celle d'un certain public estimant que la vision savante du monde proposée ne lui est pas totalement étrangère, même si les deux ne se confondent pas et ne pèsent pas du même poids dans la formation de l'autorité scientifique. La théorie du champ littéraire, prise entre le pôle de la production restreinte et le pôle de la grande production [Bourdieu, 1992] ne s'applique pas si bien au champ sociologique puisque les grands noms de la discipline – y compris celui de Pierre Bourdieu – ont, le plus fréquemment, reçu cette double consécration, y compris quelquefois dans des livres savants, et pas seulement dans des essais. On ne peut pas tenir pour secondaire la reconnaissance du public lorsqu'on s'interroge sur les fonctions de la sociologie. C'est pourquoi il faudrait analyser la liste des livres de la discipline qui dépassent le cercle des sociologues (tout en étant validés par ces derniers), pour mieux connaître les critères externes de validation des travaux savants. Il faudrait aussi comprendre la manière dont certains livres de sociologie qui ont une certaine audience parviennent à mêler résultats scientifiques et mise à disposition de justifications pour la conduite des acteurs. Ainsi, pour en revenir aux *Héritiers*, on pourrait rechercher d'une part des indicateurs de la réception souhaitée dans l'écriture elle-même du livre, et d'autre part le sens de sa lecture par les étudiants d'aujourd'hui qui ne cherchent pas nécessairement les mêmes justifications à leur présence dans les murs de l'université.

## La fonction de dévoilement et ses limites

Le rapport distant à cette socialisation de la rupture épistémologique, du principe de non-conscience et du dévoilement sociologique ne m'est venu que très doucement. Le récit de désapprentissage n'est donné ici que pour démontrer que les conditions de réception – révélatrices des usages sociaux de la discipline – ont été centrales dans ma prise de conscience des limites de l'apprentissage sociologique. Avec enthousiasme, je me suis lancé – pour ce qui deviendra une thèse d'État – dans la mesure du coût du mariage pour les femmes, indépendamment de la manière dont elles l'estimaient elles-mêmes. Le rendement du diplôme sur le marché du travail en fonction du sexe, de la situation matrimoniale et familiale formait l'indicateur principal de ce coût [Singly de, 1982]. C'est ainsi que l'amour était un obstacle épistémologique à surmonter afin de ne prendre en considération que le sens objectif des conduites. La réception de *Fortune et infortune de la femme mariée* [1987] m'a posé question puisque, après mes conférences, les femmes qui venaient me questionner étaient le plus souvent célibataires, séparées, ou engagées dans un processus de divorce. Les comptes du sociologue « objectiviste » correspondaient davantage à ceux des femmes séparées qu'à ceux des femmes vivant en couple. Cela ne me gênait pas au début : c'était prévisible, les femmes heureuses étant victimes de l'illusion amoureuse. Mais progressivement je ne comprenais pas pourquoi la démarche sociologique devrait être systématiquement conforme à la vision des individus les plus désenchantés, et pourquoi elle n'éclairait pas, sinon dans le registre de la dénonciation des illusions, la conduite des individus qui avaient un autre rapport à leurs conduites. En effet, elle ne parvenait pas à expliquer l'intérêt de l'amour en dehors des effets non illusoires de cette illusion, à savoir le maintien de la domination masculine.

*Le sociologue, spécialiste des masques*

Les dernières pages de Pierre Bourdieu dans *La Domination masculine* [1998] illustrent bien l'ambiguïté de la théorie objectiviste qui ne conçoit en dernière instance toute représentation que sur le registre de l'illusion (ou de l'*illusio*). En effet, l'auteur est conduit à inventer deux amours : le « faux », conforme à la théorie, masque des intérêts en jeu dans les rapports sociaux de sexe, et le « vrai », très rare statistiquement, correspondant à la représentation idéale d'un sentiment désintéressé et hors du social [p. 116-119]. Que penser d'une théorie qui ne voit le monde qu'en noir (couleur dominante) ou en blanc (pour les quelques rares élus, dont on ne comprend pas par quel dieu social ils sont élus), alors que dans le social, l'amour prend d'autres couleurs, y compris le gris ? Ainsi la fonction de révélation et de confirmation de soi [Singly de, 1996] que peut assurer un lien affectif ne relève ni du registre de la reproduction sociale, ni de celui de l'illusion. Tout ce qui ne contribue pas à la logique de la reproduction sociale n'appartient pas automatiquement au monde des illusions. Le réel est un espace social à plusieurs dimensions dont les enjeux sont multiples, il ne se réduit pas exclusivement à des luttes pour les places, pour les positions dans la hiérarchie des champs et de la société en général.

Le schéma théorique adopté initialement – celui des stratégies de reproduction [Bourdieu, 1972 ; 1974] – puissant pour démontrer l'importance des luttes au sein des rapports sociaux entre les classes, les genres, les générations, rendait, lui aussi, aveugle puisque tout le reste était codé « illusion ». L'usage de ce terme – dont il faudrait faire une analyse systématique – devient, selon moi, une illusion puisqu'il sert à cacher, sous les apparences de l'explication, d'autres dimensions du social dont la théorie ne rend pas compte. Les sociologues qui ont recours à ce terme sont magiciens eux-mêmes puisqu'ils parviennent à faire disparaître, grâce aux vertus du langage, les éléments du réel qui les gênent.

Quand Émile Durkheim supprime pour construire son objet sur le suicide les représentations que les individus ont d'un tel comportement, il simplifie le réel pour ne conserver que ce qui lui semble se rapporter à son explication en termes d'intégration sociale. Cette construction est légitime ; ce qui l'est moins c'est d'en déduire que c'est la seule théorie juste, et donc que c'est le seul mode de construction de la réalité. Chaque théorie élimine ce qui ne lui convient pas, mais l'abus de confiance commence quand, par effet d'écriture, le lecteur est incité à croire que la démarche scientifique se confond avec la démarche exposée [12].

### *Un monde multidimensionnel, expliqué par une sociologie unidimensionnelle*

Les réactions des lecteurs devant un tel monde unidimensionnel ne relèvent pas, ou pas seulement, de la résistance au dévoilement ; elles permettent, à condition de les prendre au sérieux, d'apercevoir certains fragments du réel éliminés. L'usage du terme « illusion » devient alors un indicateur de ce que la théorie considérée ne parvient pas à expliquer, étant donné sa perspective. L'amour, pour reprendre cet exemple, est une illusion uniquement pour les individus qui ne voient le monde que sous l'unique dimension des rapports de force entre groupes. Dès lors que le cadre théorique change, l'amour n'est plus une illusion.

La théorie ou les théories qui construisent le monde sous cette dimension des luttes sociales tendent à minimiser le « contenu » des pratiques : compte surtout leur résultante en termes de rapports sociaux. C'est à la fois la force et la faiblesse de ce point de vue, comme on l'observe avec le concept de « stratégies de reproduction » : malgré les différences entre la maîtrise de la

12. Voir B. Lahire [1998].

fécondité, le choix d'un collège, d'un quartier, le choix d'un conjoint, toutes ces activités présentent un point commun, elles contribuent à la reproduction sociale [Bourdieu, 1974]. Il est tout à fait légitime – j'insiste pour qu'il n'y ait pas de malentendu – d'élaborer une théorie, c'est-à-dire, selon moi, de hiérarchiser dans le social ce qui mérite considération et ce qui semble secondaire du point de vue de la perspective considérée ; mais il est abusif de déclarer que toutes les autres manières de voir relèveraient du sens commun, ou semi-savant [13] : non, les individus ordinaires, ou d'autres savants, ont le droit de ne pas hiérarchiser le monde de la même façon et de ne pas adhérer entièrement à la vision tronquée du monde proposée [14].

Toute théorie a la prétention de proposer une conception du monde reposant sur une hiérarchisation des dimensions selon leur importance. Mais elle abuse de sa force éventuelle lorsqu'elle veut faire croire que ce classement en éléments décisifs et en éléments secondaires est incontestable et qu'il est donc le seul à obéir à des critères scientifiques. Il y a de la place pour plusieurs théories – et métathéories – dans le champ sociologique [15]. Pour comprendre cette affirmation, illustrons-la avec l'analyse de *La Distinction* [1979], schématisée dans un texte de *Questions de sociologie* [1980]. Pierre Bourdieu estime que boire un verre de tel apéritif est équivalent à écouter tel morceau de musique classique. Cette équivalence peut être posée à une seule condition, tenir pour secondaires certaines des fonctions, des bénéfices tirés de la boisson ou de la musique, et pour principale la contribution de toute consommation à la reproduction sociale, via le mécanisme général de distinction. Il suffit de prendre un autre point de vue pour ne pas accepter cette équivalence et prendre davantage en considération d'autres dimensions

13. Il faudrait, là encore, réaliser une étude des processus de dévalorisation des autres sociologies, reflet des luttes pour les positions dans le champ scientifique.

14. Ainsi, en sociologie, s'étonne-t-on que des individus soient sensibles à la proximité sociale ou culturelle entre les conjoints tout en refusant d'admettre que l'homogamie rende compte totalement de l'élection. Les gens ordinaires ont l'intuition que le monde n'est pas géré uniquement par cette « variable » des capitaux.

15. Le pluralisme ne conduit pas au relativisme, contrairement, par exemple, aux affirmations des défenseurs de la thèse Teissier sur l'astrologie.

de ces pratiques. Un individu qui boit pour oublier son chagrin, son malheur, peut accepter n'importe quel alcool. Même si, selon ses moyens, il a accès à des boissons différentes, ce qui compte pour lui c'est ce que lui apportent les vapeurs de l'alcool. Un mélomane peut être fier de sa compétence ; il n'est pas certain que la totalité de ses investissements en temps, en argent s'explique uniquement par un souci de distinction ; cet homme ou cette femme prend plaisir à la musique, légitime ou non, en ce qu'elle correspond à ce qu'il ou elle a envie de ressentir. Tout plaisir n'est pas illusion [16] ; tout plaisir ne se dissout pas dans la recherche de la distinction [Passeron, 1990].

Du côté de l'institution scolaire, bien des auteurs, surtout dans la décennie qui a suivi 1968, ont cédé à la tentation du principe d'équivalence, voire même du principe de l'illusion (qui en constitue une variante, plus critique). C'est ainsi que Pierre Bourdieu et Jean-Claude Passeron dans *La Reproduction* [1970], tout comme Christian Baudelot et Roger Establet dans *L'École capitaliste en France* [1971] [17], ont affirmé que la contribution de l'école à la reproduction des rapports de classe était quasi indépendante de la pédagogie mise en œuvre par les enseignants. La pédagogie était l'équivalent théorique de l'amour : l'un et l'autre avaient pour fonction objective de masquer cette contribution. Et en conséquence, plus la pédagogie était non autoritaire (plus l'amour était affirmé), et plus les effets non illusoires étaient forts puisque la pédagogie (et l'amour) masquaient aux yeux des enfants (ou des amoureux), les vrais rapports de

16. Un seul exemple de cette indifférence au contenu de la pratique : « Le tennis des petits clubs municipaux qui se pratique en jeans et en "Adidas" sur des terrains durs n'a plus grand-chose en commun avec le tennis en tenue blanche et robe plissée [...] qui se perpétue dans les clubs sélects. » [Bourdieu, 1987, p. 206]. Toute la magie de l'écriture théorique se joue dans le « pas grand-chose en commun ». Pour cet auteur, la robe plissée de tennis est plus proche de la visite à l'opéra que de la tenue d'un joueur de classe moyenne. En définitive, seul compte le milieu social pour définir le « commun ».

17. Cependant Baudelot et Establet ont fait, indirectement, leur autocritique puisque dans *Le Niveau monte* [1989], ils rendent hommage à Freinet dont ils se sont inspirés pour leur propre pédagogie. Ils affirment ainsi, sans l'expliciter théoriquement, qu'une pédagogie, même si elle ne parvient pas à bouleverser l'ordre social, peut contribuer à développer d'autres dimensions de la vie des élèves.

force [18]. La force de l'implication des enseignants (ou des sentiments) pouvait en définitive être dangereuse puisqu'elle renforçait la croyance en cette institution scolaire (ou conjugale) [19]. Un professeur autoritaire, ou un mari violent, étaient « meilleurs », théoriquement, puisque le masque des rapports symboliques était moins difficile à retirer, une des fonctions du sociologue étant d'aider les individus et les groupes à se défaire de leurs illusions, de leur sens commun, à les « réveiller de [leur] sommeil doxique » [Bourdieu, 1987, p. 68].

Pourquoi pas ? Mais on peut s'interroger d'une part sur les effets de cette mise en équivalence de toutes les pédagogies du point de vue des acteurs sociaux, sur la démobilisation qui peut être engendrée par une telle prise de position [20]. On peut penser d'autre part que la totalité du monde social ne se réduit pas aux luttes de place et de position, et à la formation du capital permettant de les gagner [Singly de, 2001]. En conséquence, les variations des rapports pédagogiques ou amoureux renvoient aussi à ces autres dimensions, et donc peuvent rendre légitimes des interventions pédagogiques, même lorsqu'elles ne réduisent pas les inégalités sociales. Ainsi, un élève dans une classe anti-autoritaire peut ne pas voir modifier son destin de classe, tout en apprenant grâce au respect dont il bénéficie à se construire une identité personnelle différente ; grâce aux discussions collectives sur les programmes, sur le gouvernement de la classe, à être citoyen autrement que par l'élection des délégués. Les nouvelles pédagogies peuvent avoir une utilité sociale que les théories de la reproduction ne parviennent pas à appréhender du fait de leur réduction du monde social.

« Le simple n'est jamais que le simplifié » pour Bachelard, rappelle Pierre Bourdieu [1987, p. 166] en demandant la rupture

18. J'ai, moi-même, participé à ce mouvement de critique de la pédagogie anti-autoritaire [Singly de, 1988].

19. Pour le travail social, il y a eu une diffusion de schèmes comparables [Donzelot, 1977 ; Verdès-Leroux, 1978].

20. Les risques de déresponsabilisation sont ainsi contenus dans cet énoncé : la critique scientifique « décharge les personnes de responsabilités qui leur incombent beaucoup moins qu'elles-mêmes ne voudraient le croire » [Bourdieu, 1987, p. 224]. Cyril Lemieux souligne bien ces risques [1999, p. 218].

avec les « évidences que nous livre notre expérience du sens commun ou la familiarité avec une tradition savante ». Souvent on n'entend que la première partie du conseil, oubliant que les théories rendent tout autant aveugles par l'évidence non plus du sens commun mais de leur éclairage. Or, pour être efficace – pour obtenir le statut de théorie générale – une théorie tend à ne proposer qu'une seule mise en scène du réel pour engendrer le sentiment chez le lecteur qu'il est en face du réel : l'effet de réel n'est pas propre au romancier, il est observable en sociologie dès lors que l'auteur fait tout pour faire oublier que des dimensions du social ne sont guère perceptibles par son point de vue [21]. Elle contribue aussi, à sa manière, à simplifier le réel en le hiérarchisant, en éliminant ce qu'elle considère comme secondaire : ce n'est donc pas à ce niveau qu'elle se différencie de la pensée commune.

## *L'inconscience des agents et ses méthodes de repérage*

La dévalorisation de l'expérience des individus en sociologie explicative provient de deux facteurs : les comportements sont déterminés socialement, et les individus n'en ont pas conscience [Bourdieu, Chamborédon, Passeron, 1968]. Cette rupture exigée avec le sens commun dérive du faible statut accordé à la conscience. En effet plusieurs indices – par exemple des expressions fréquemment répétées comme les mots « consciemment ou non » à propos des stratégies de reproduction – démontrent que la conscience importe peu pour définir sociologiquement la pratique. La hiérarchisation des méthodes dans *Le Métier de sociologue* reflète cette position : au sommet, l'observation directe des comportements, sans parole ; au milieu, le questionnaire ; et en bas, l'entretien [22]. Cette posture de l'objectivation conseille de ne pas écouter ce que « les gens pensent de ce qu'ils font », afin

21. C'est pour cela que je ne suis pas convaincu du grand écart entre écriture sociologique et écriture romanesque tel que le décrivent Claude Grignon et Jean-Claude Passeron [1989]. Voir aussi Grenier, Grignon, Menger [2001].

22. *La Misère du monde* [1993] ne modifie pas ce classement dans la mesure où l'auteur met toujours en avant « l'objectivation » à laquelle il ajoute seulement « parti-

d'expliquer « ce que les gens font à partir de ce qu'ils sont » [Bourdieu, Passeron, 1967-1968]. Ainsi, poser que la consommation est distinction relève de la compétence exclusive du sociologue : « Les différences fonctionnent comme des signes de distinction, et cela en dehors même de toute intention de distinction. » [Bourdieu, 1987, p. 158]. Seul le sociologue peut, grâce à sa posture, occuper une place spécifique dans l'espace social lui procurant une lucidité extra-ordinaire : « Ce que je voulais faire c'était un travail capable d'échapper autant que possible aux déterminations sociales grâce à l'objectivation de la position particulière du sociologue et à la prise de conscience des probabilités d'erreur inhérentes à cette position. » [Bourdieu, 1987, p. 114]. Il fait ensuite bénéficier de ses lumières les groupes et les individus intéressés.

*Dévoiler les usages du dévoilement sociologique*

La fonction de dévoilement, importante, est celle qui est conforme à cette perspective sociologique. On ignore toutefois le sens et l'amplitude de ses effets. Si cette sociologie a, souvent, explicitement, pour objectif, comme le souligne Stéphane Beaud [1996, p. 107], un « projet égalitaire et émancipateur », elle devrait inclure dans la construction de son objet l'analyse de ses effets. S'il ne suffit pas à une politique d'afficher une volonté de démocratie culturelle pour avoir des effets dans ce sens, pourquoi la sociologie pourrait-elle se dispenser d'étudier ses propres effets ? Pour exemple, la révélation de la cote sociale des prénoms [Besnard, Desplanques, 1986], ou des mécanismes de reproduction de la bourgeoisie [Pinçon, Pinçon-Charlot, 1997] a-t-elle contribué à déstabiliser ces éléments de différenciation, de domination sociale ? Qui en tire profit ? Tout comme la sociologie de la culture examine le profil socioculturel des visiteurs

---

cipante ». Il s'agit donc d'une tentative – réussie ou non, ce n'est pas la question – d'annexion de l'entretien dans la posture de l'objectivation. Les « cas » illustrent des positions. Il n'y a pas, explicitement, de prise en compte de la « singularité des personnes sociales », caractéristique, selon Pierre Bourdieu, d'une « vision *naïvement* personnaliste » [p. 916 ; souligné par François de Singly].

d'un musée ou des auditeurs d'un concert de musique contemporaine [Menger, 1986], la sociologie ne devrait-elle pas étudier l'identité des lecteurs des ouvrages de sociologie ? Pourquoi la sociologie échapperait-elle aux principes d'analyse qu'elle applique aux autres pratiques ? Si la valeur de toute consommation culturelle peut être approchée par la position des consommateurs dans l'espace social, les livres de sociologie peuvent alors être définis aussi par la position de leurs lecteurs. Le sens de la sociologie se réfractant également dans sa réception et ses usages, la sociologie des sciences, en l'occurrence la sociologie de la sociologie, devrait donc y prêter plus attention.

## La sociologie est un humanisme

La sociologie ne peut penser son utilité scientifique qu'en donnant dans ses propres théories une certaine place à la conscience. Ce qui n'est pas le cas de Pierre Bourdieu, comme le rappelle Jeffrey Alexander [2000], qui accorde peu de place au Soi réflexif, écrivant dans *Le Sens pratique* [1980] : « [...] Dès qu'il réfléchit sur sa pratique, se plaçant ainsi dans une posture quasi théorique, l'agent perd toute chance d'exprimer la vérité de sa pratique. » [p. 152]. Au contraire, dans *Comprendre la sociologie* [1973], Peter Berger estime que « mieux vaut la conscience que l'inconscience », affirmant qu'il existe « une différence essentielle entre le théâtre des marionnettes et le drame que nous vivons : contrairement aux marionnettes nous avons la possibilité d'interrompre nos mouvements, de lever les yeux et de découvrir ainsi la machinerie responsable de nos mouvements. C'est le premier pas vers la liberté. Et c'est aussi la justification dernière de la sociologie conçue comme une discipline humaniste » [p. 242]. Cet arrêt, Anthony Giddens, le théorise sous le terme de réflexivité, forme de compétence des individus et des institutions qui examine, en permanence et sans décalage temporel, leurs activités et celles qui les entourent. C'est « l'examen et la révision constantes des pratiques sociales, à la lumière des informations nouvelles concernant ces pratiques mêmes, ce qui altère ainsi constitutivement leur caractère » [Giddens, 1994, p. 45]. Dans les sociétés modernes avancées, plus que dans les sociétés précédentes, cette « révision de la convention » se radicalise « jusqu'à s'appliquer en principe à tous les aspects de la vie humaine » [*idem*]. Ce retour sur pratique s'opère dès lors que les routines de la vie sociale, le « sens pratique » se bloquent d'une manière ou d'une autre. Surgit alors une réflexion sur l'action passée, ou présente, de telle sorte que les frontières entre les niveaux de conscience et de préconscience s'ouvrent et autorisent des allers et retours entre l'acteur agissant et l'acteur réfléchissant. Pour rectifier éventuellement ses motivations, ses manières d'agir, ses justifications, l'individu puise dans le savoir ordinaire ou dans d'autres savoirs à sa disposition. Pour Giddens, l'originalité des sociétés modernes avancées réside dans l'importance des usages des savoirs savants dans la vie ordinaire : « Le savoir constitue un élément important de ce processus [de réflexivité] », et notamment les sciences humaines et sociales dans la mesure où « la révision chronique des pratiques sociales à la lumière de la connaissance de ces pratiques fait intimement partie du tissu des institutions modernes » [1994, p. 47]. La réflexivité s'appuie tout autant sur la sociologie que sur la psychologie [23], c'est pourquoi « la modernité est profondément et intrinsèquement sociologique » [1994, p. 49] [24].

Les institutions, les groupes, les individus font ce détour réflexif sur leurs actions. Les différentes sociologies, les différentes écoles, leur proposent, explicitement ou non, des services de réflexivité. Ces derniers ne sont pas équivalents, seule une sociologie de la sociologie permettrait de les connaître et d'appréhender les correspondances entre les institutions, les

23. Pour J. Donzelot [1977] et R. Castel [1981], la modernité est surtout associée à la psychologisation.

24. Dans ce texte, A. Giddens sous-estime, me semble-t-il, l'apport de la psychologie, alors que dans ses travaux sur l'intimité, il s'appuie au contraire sur cette discipline et ses dérivés. Son modèle de la « relation pure » est tiré explicitement d'un travail de thérapie conjugale. Voir A. Giddens [1991 ; 1992] ; et sur la critique de ce modèle, F. de Singly, K. Chaland [2001].

groupes, les individus et les types de sociologie. Lorsque Bernard Lahire prend pour objet la catégorie de l'illettrisme [1999] afin de démontrer comment celle-ci s'est imposée grâce notamment à l'action d'ATD Quart-Monde, il fournit des armes critiques à ceux et celles qui, au sein de l'État ou des associations, peuvent vouloir une plus grande égalité d'accès à la lecture et à l'écriture sans adopter les principes sous-jacents des défenseurs de l'illettrisme. Lorsque Pierre Michel Menger dessine les profils des comédiens, il fournit des ressources aux négociateurs d'un nouveau statut [1997 ; 1998]. Lorsque Robert Castel scrute *Les Métamorphoses de la question sociale* [1995], il présente l'histoire du déclin relatif de l'État-providence, appelant à la production d'autres formes de protection sociale pour limiter l'extension des effets de l'individualisme négatif. Lorsque Jean-Claude Kaufmann analyse le couple par son linge [1992], il permet à ses lectrices (et à ses lecteurs) de comprendre quelques-uns des mécanismes qui font que la femme vivant en couple se retrouve progressivement « gelée », pour reprendre la métaphore d'Annie Ernaux [1981]. Lorsque Christian Baudelot et Roger Establet comparent ce que signifie *Avoir trente ans en 1968 et en 1998* [2000], ils donnent à deux générations des éléments pour faire leur bilan. Lorsque Margaret Maruani arpente, avec des collègues, les territoires du masculin et du féminin afin de décrire *Les Nouvelles Frontières de l'inégalité* [1998], elle révèle la tension entre « progressions évidentes et régressions impertinentes », et la nécessaire vigilance malgré la montée du travail professionnel des femmes. Lorsque François Dubet se plonge dans *La Galère* [1992], il fait comprendre de l'intérieur comment les formes de régulation traditionnelle des quartiers ouvriers se finissant, laissent la place à de nouvelles manières de se conduire des jeunes dominés. Lorsque Stéphane Beaud et Michel Pialoux séjournent dans les usines Peugeot, ils donnent – comme le déclare la quatrième de couverture – « toute [sa] place à la parole ouvrière, pour rendre hommage à ces hommes et à ces femmes dont la dignité est aussi imposante que celle dont firent preuve leurs parents à l'heure des victoires » [1999]…

Cette liste pourrait être allongée, preuve que les recherches en sociologie servent les individus définis par leur appartenance à une classe d'âge, de sexe, ou sociale, à une profession, à une association, à un parti, à un syndicat, par leur engagement dans leur vie privée. Chacun veut prendre en main son destin, en s'appuyant éventuellement sur des ressources fournies par le savoir sociologique. Ces dernières devraient être étudiées systématiquement pour être classées selon leur fonction. Très schématiquement, on peut en distinguer deux :

– La fonction de dévoilement que produit une analyse quantitative des inégalités (pour l'appropriation des pratiques culturelles et de l'école ; des parcours biographiques, professionnels), ou une analyse centrée sur les effets pervers, inattendus (d'une politique, d'une norme), ou encore une analyse des logiques argumentaires dont se servent les gens pour rendre légitimes leurs actions [25].

– La fonction d'accompagnement que produit une analyse compréhensive (sérieusement menée) de la vie des individus à travers la manière dont ces derniers rendent compte de leur histoire, décrivent les essais et erreurs de vie commune, exposent leurs désillusions, leur désappointement, leur malheur, et expriment leur expérience (qui ne sera pas surinterprétée par le sociologue qui l'écoute).

Ce classement, qui ne renvoie pas à des différences selon la place qu'accordent les théories à la conscience, oppose le plus fréquemment les sociologues spécialistes de la sphère publique et des institutions aux sociologues de la sphère privée [26]. Ces deux fonctions ne devraient pas être hiérarchisées, contrairement

25. Le travail de Laurent Mucchielli sur la délinquance peut servir d'illustration à cette fonction [2001].

26. Cependant des sociologies du « public » – comme celle proposée par Callon, Lascoumes, Barthe [2001] – relèvent, nous semble-t-il, aussi du second registre. Pour eux, en effet, tout le long du processus de « traduction », savants et profanes s'accompagnent, mutuellement. Dans un tel dispositif, les places ne sont pas définies aussi nettement que dans la logique de la dénonciation puisque « les non-spécialistes peuvent donc participer au collectif de recherche, aux débats qui le traversent et aux choix qu'il opère » [p. 129].

aux jugements fréquents des sociologues [27], à moins de penser que la vie privée relèverait d'une autre discipline, la psychologie ou la psychanalyse. Le principe du « tout est sociologisable » et celui de la non-hiérarchie des objets sociologiques, affirmés dans *Le Métier de sociologue*, même lorsqu'ils sont explicitement approuvés, ne sont pas mis en œuvre. Il y aurait encore des objets « grands » et des objets « petits », les premiers pouvant faire plus aisément le sujet de débats alors que les seconds alimenteraient la conversation privée. Cette posture révèle l'oubli des conséquences de l'individualisation dans les sociétés modernes avancées : les individus ont, eux aussi, besoin de se construire sans nécessairement avoir recours à une conception normative que proposent notamment la psychologie ou la psychanalyse.

Les sociologues n'ont pas souvent conscience des usages que les individus font de leur travail, sous la forme des publications, mais aussi pendant l'enquête. Un article de Willy Pelletier [1996] permet de manière quasi expérimentale de le démontrer. Ce sociologue, avec Charles Henry, a fait passer un questionnaire auprès d'enseignants de sciences économiques et sociales. Au retour des questionnaires, remarquant sur l'un d'eux un « Merci » qu'il ne comprend pas, il se livre à une exploitation des données en fonction de ce « merci » et de bien d'autres indices de l'engagement à répondre – l'un des professeurs répond avec soin, la date de renvoi largement dépassée. Il comprend qu'au-delà de l'affirmation de l'imposition de la problématique par le questionnaire, il existe « des bénéfices "à s'énoncer" », que certains individus – ceux qui sont engagés sans être les mieux pourvus en capital – se servent du questionnaire pour parvenir à une mise en

27. Cette hiérarchisation renforce une conception du monde « masculine » selon laquelle la sphère publique est l'espace le plus important. Il existe une opposition interne aux interventions propres aux spécialistes de la sphère publique, entre l'engagement et l'expertise. Le premier semble mieux considéré que l'expertise – cela est perceptible par exemple tout le long de l'ouvrage *Au-delà du Pacs. L'expertise familiale à l'épreuve de l'homosexualité* [Borrillo, Fassin, Iacub, 1999]. Sans doute parce que l'expert est du côté du gouvernement, des « grands », alors que le sociologue engagé est du côté des dominés, des « petits » : cela fournit une définition, le plus souvent implicite, des bons usages de la sociologie « scientifique », à savoir une contribution savante contre la domination.

scène d'eux-mêmes, justifiant après coup leur trajectoire et leur engagement professionnel. C'est ainsi que l'enseignante qui avait marqué « Merci » « marquait son contentement d'avoir pu développer une série d'opérations aptes à la faire entrer dans l'estime d'elle-même, aptes à conférer une explication à son parcours, à son "établissement" dans l'enseignement, aptes à apaiser des doutes, aptes à faire taire des mises en cause » [1986, p. 41].

Ce questionnaire – détourné – a amené certains enseignants à être réflexifs en leur offrant cette pause, en les contraignant à relier leur présent à leur passé, en les prenant au sérieux. Cela peut sembler paradoxal puisque le questionnaire est certainement l'outil le plus proche d'une sociologie du dévoilement. Il n'est donc pas pensé comme pouvant être le support d'une sociologie de l'accompagnement pour les individus capables de le détourner à leur profit. Cette possibilité révèle que dans la réalité, les deux niveaux sont mêlés et que la sociologie a trop voulu, pour des raisons théoriques, les séparer sans parvenir ensuite à les réunir.

Réduire le décalage entre le « sens objectif » et le « sens subjectif » des conduites – comme le souligne Bruno Karsenti [2000] – devrait pourtant être l'objectif de la sociologie, trouvant « sa raison dans leur impossible recouvrement et dans les troubles qui risquent toujours de s'introduire en raison de cette disjonction » [p. 239]. La discipline n'y parvient, selon nous, que rarement pour des raisons théoriques et des raisons méthodologiques. Il y a plutôt spécialisation des sociologues dans le dévoilement, voire la dénonciation (par exemple des méfaits de l'individualisme), ou dans l'accompagnement (généralement moins critique). Réunir les deux sens – sans traiter le sens subjectif d'illusion, ou sans chercher à lui faire entendre raison, c'est-à-dire sans vouloir le transformer jusqu'à ce que le sens subjectif intériorise complètement le sens objectif – est difficile. La tentation dans l'autre sens est d'oublier les contraintes au sein desquelles les acteurs jouent, de trop prendre au sérieux les justifications de soi et de sa vie à tel point que ces dernières dispenseraient de connaître le sens objectif.

Le juste équilibre est rarement trouvé, peu de théories proposant, nous semble-t-il, des principes de réunion entre les deux sens, sans hiérarchiser en faveur de l'un ou l'autre [28]. C'est ainsi que dans *La Misère du monde* [1993], Bourdieu donne la prééminence au sens objectif, chaque entretien illustrant un type de trajectoire sociale. La « personne » est avant tout définie par sa position : « On lira dans ce livre comme autant de petites nouvelles d'une assistante sociale dans un hôpital à l'abandon, d'un métallo orphelin de la classe ouvrière, d'un fin-de-droit clochardisé, du proviseur d'un lycée en proie à la violence urbaine, d'un policier de base dans une banlieue défavorisée » (quatrième de couverture). Les autres dimensions de l'identité sont laissées dans l'ombre ; elles apparaissent au second plan ; à l'avant-scène, la position, la trajectoire. À la fin de l'ouvrage, Pierre Bourdieu tente de définir une sociologie compréhensive qui puisse s'articuler à une sociologie objectiviste. On appréhende sa manière de procéder par son énoncé « les agents sociaux n'ont pas la science infuse de ce qu'ils sont et de ce qu'ils font » [p. 918] qui reprend ceux du *Métier de sociologue*, et qui prouve la permanence du postulat de la rupture et du dévoilement. La démarche compréhensive consiste à prendre en compte en plus les conséquences subjectives du sens objectif, notamment la souffrance, afin de soulager cette dernière en révélant sa source sociale ; Pierre Bourdieu situe là « l'efficacité du message sociologique [...] en permettant à ceux qui souffrent de découvrir la possibilité d'imputer leur souffrance à des causes sociales et de se sentir ainsi disculpés, et en faisant connaître largement l'origine sociale, collectivement occultée, du malheur sous toutes ses formes, y compris les plus intimes et les plus secrètes » [p. 944]. Le sens subjectif ne devient objet légitime que lorsqu'il est,

28. Vincent de Gaulejac [1987 ; 1999] fait partie de cette minorité, mais son articulation emprunte beaucoup à la psychanalyse pour le versant de la subjectivité. François Dubet, dans *Sociologie de l'expérience* [1994], affirme que « le sujet est toujours partiellement "hors du monde" » [p. 128] et qu'il doit effectuer un « travail », défini principalement par « une distance à soi, une capacité critique » [p. 181]. Pour ce sociologue, l'individu éprouve une « impression d'étrangeté, de non-adhésion » [p. 185], engendrée par l'hétérogénéité des logiques qu'il met en œuvre.

heureusement, éclairé par le sens objectif détenu par le sociologue. Une telle théorie de la subjectivité apparaît pauvre puisque l'articulation entre l'habitus, organe central de l'individualité chez Bourdieu, et la conscience est peu appréhendée [29].

Dans la mouvance d'Alain Touraine, des chercheurs proposent une autre procédure permettant de prendre en charge les deux niveaux, celui du sociologue et celui construit par les acteurs. François Dubet narre ainsi des enquêtes au sein desquelles « les acteurs refusent les interprétations des chercheurs », soit de manière polie, soit par opposition nette [1994, p. 245]. « Le sens pour l'acteur » et « le sens pour le chercheur » ne se recouvrent pas. Est-ce un défaut de « traduction » de la part du sociologue comme le sous-entend l'auteur, ou s'agit-il quelquefois d'autre chose ? Est-ce que l'accord doit obligatoirement se faire ? Est-ce que les deux sens sont faits pour être toujours réunis ? Et à quelles conditions ? À défaut d'avoir des réponses entièrement fondées théoriquement, on note que le fait de proposer pendant des réunions le sens construit par le sociologue aux personnes concernées fournit une double reconnaissance : aux individus et à leur capacité de comprendre un autre sens, de changer en prenant en compte cet autre sens de leurs pratiques ; et à la démocratie, ou à l'éthique de la discussion [Habermas, 1991], en ouvrant un espace où le savoir est soumis à l'échange. Reste à préciser la place de cette confrontation dans l'élaboration même des énoncés scientifiques. C'est ce que font Michel Callon, Pierre Lascoumes et Yannick Barthe dans *Agir dans un monde incertain* [2001] en décrivant des façons de lutter contre ce qu'ils nomment « la science confinée » : par exemple les forums hybrides où le rôle des citoyens ordinaires ne se limite plus à écouter les informations des experts, et inclut la participation à la définition des problèmes et des solutions. Partisans d'une certaine continuité entre monde savant et monde profane,

29. Jean-Claude Kaufmann, dans *Ego. Pour une sociologie de l'individu* [2001], fournit peu d'éléments concernant cette articulation, refusant l'idée d'un « centre de commandement ». Il donne au récit, une place limitée [p. 220-222], sa nomination est significative : « un conte biographique », terme que ne renierait pas Bourdieu [1986].

ils estiment que la rupture épistémologique renvoie à une autre coupure, celle entre les représentants du peuple et ce dernier. Une telle démarche, reposant sur une conception de la société où les individus ordinaires conservent un rôle savant et un rôle politique malgré la spécialisation professionnelle, relève, elle aussi de la fonction d'accompagnement.

Au niveau de l'individu, Claude Dubar plaide pour que la sociologie reconnaisse une « identité personnelle » qui « marque le passage d'une conception objectiviste et réifiée de l'identité "pour autrui" à une élaboration subjective et virtuelle de l'identité "pour soi" » [2000, p. 201] [30]. Cela a pour conséquence de reconnaître à l'entretien une place centrale dans la production sociologique, et non plus la dernière place (comme dans *Le Métier de sociologue*). Le travail sur soi se fait notamment par le langage, dans la conscience d'un récit fait à autrui, ou à soi. Des recherches devraient appréhender la variation des apports à la construction de l'identité narrative selon le type de conversation : avec soi-même dans le journal intime par exemple ; avec un proche ; avec une personne jouant un rôle public – sociologue, psychologue, mais aussi assistant/assistante, travailleur/travailleuse sociale... – ; avec un inconnu (comme la confidence au café, dans le train, ou encore sur Internet). Pour Isabelle Astier, les entretiens d'insertion dans le cadre du Revenu minimum d'insertion [1995] peuvent avoir un double effet positif, non seulement en obligeant à élaborer un discours cohérent de sa vie passée et présente, mais aussi en effectuant cette réflexivité hors de la sphère privée, ce qui ouvre à une certaine généralisation possible de l'expérience personnelle, et offre donc une certaine manière de se « grandir » (au sens de Boltanski et Thévenot [1991]). De tels entretiens peuvent, dans certaines conditions de respect, « accomplir malgré tout quelque chose dans le passage des traits de caractère vers des traits exemplaires et généraux, comme un "réhaussement" de l'individu, de ses capacités d'entrer dans les sphères du droit, comme activité

30. Ou François de Singly [1996].

de légitimité et moyen de s'engager » [Astier, 1995, p. 127]. Il ne s'agit ni de disculper ni de dissoudre la personne dans sa trajectoire sociale, ni de l'enchaîner dans une culpabilité. Le chemin entre ces deux excès, entre la psychologisation du social et la sociologisation du personnel, est difficile à emprunter, plus exactement à tracer, par les sociologues. La personnalisation – au sens du travail que l'individu produit pour se construire comme personne et comme individu responsable – est un mouvement historique dont la sociologie doit rendre compte soit par une sociologie critique dénonçant « les tyrannies du je [31] », soit par des « procédures dialogiques » [Callon, Lascoumes, Barthe, 2001] menant à une sociologie sœur d'une démocratie participative ou à une sociologie compréhensive. La sociologie peut prendre plusieurs visages pour soutenir le mouvement général réflexif des sociétés modernes avancées.

## Références bibliographiques


ALBERT M., BERNARD P. (2000), « Faire utile ou faire savant ? La "nouvelle production de connaissances" et la sociologie québécoise », *Sociologie et Sociétés*, vol. XXII, n° 1, p. 71-92.

ALEXANDER J.-C. (2000), *La Réduction. Critique de Bourdieu*, Cerf, Paris.

ASTIER I. (1995), « Du récit privé au récit civil : la construction d'une nouvelle dignité ? », *Lien social et politiques*, n° 34, p. 121-130.

BAUDELOT C., ESTABLET R. (1971), *L'École capitaliste en France*, Maspero, Paris.

BAUDELOT C., ESTABLET R. (1989), *Le Niveau monte*, Seuil, Paris.


31. C'est ce que propose P. Corcuff [2001], à la suite de R. Sennett [1979] ; C. Lasch [1981] ; A. Ehrenberg [1998] par exemple. Mais on peut se demander pourquoi le travail sur soi devrait prendre nécessairement la forme de l'émancipation vis-à-vis des tyrannies personnelles. Cette affirmation revient à poser que la sociologie critique est la seule significative, et qu'il suffit d'étendre sa sphère d'intervention au monde intime. Or il suffit de prendre au sérieux l'énoncé – cité par Corcuff – de Wittgenstein : « Sera révolutionnaire celui qui est capable de se révolutionner soi-même » pour appréhender que cette « révolution de soi-même » n'obéit pas nécessairement aux mêmes principes que l'autre révolution. Rien ne dit que seule la sociologie critique soit capable de produire la seconde révolution. D'autres formes de travail sur soi sont possibles, relevant davantage de ce que je nomme l'« accompagnement ».

Baudelot C., Establet R. (2000), *Avoir trente ans en 1968 et en 1998*, Seuil, Paris.

Beaud S. (1996), « Quelques observations à propos du texte de Bernard Lahire », *Critiques sociales*, n° 8-9, p. 102-107.

Beaud S., Pialoux M. (1999), *Retour sur la condition ouvrière*, Fayard, Paris.

Berger P. L. (1973), *Comprendre la sociologie*, Le Centurion, Paris.

Besnard P., Desplanques G. (1986), *Un prénom pour toujours. La cote des prénoms*, Balland, Paris.

Boltanski L. (1990), « Ce dont les gens sont capables », in *L'Amour et la Justice comme compétences*, Métailié, Paris, p. 15-134.

Boltanski L., Chiapello E. (1999), *Le Nouvel Esprit du capitalisme*, Gallimard, Paris.

Boltanski L., Thévenot L. (1991), *De la justification. Les économies de la grandeur*, Gallimard, Paris.

Borrillo D., Fassin E., Iacub M. (1999), *Au-delà du Pacs. L'expertise familiale à l'épreuve de l'homosexualité*, PUF, Paris.

Bourdieu P. (1972), « Les stratégies matrimoniales dans les stratégies de reproduction », *Annales ESC*, 27e, n° 4-5, p. 1105-1127.

Bourdieu P. (1974), « Avenir de classe et causalité du probable », *Revue française de sociologie*, vol. XV, 1, p. 3-42.

Bourdieu P. (1979), *La Distinction*, Minuit, Paris.

Bourdieu P. (1980), *Questions de sociologie*, Minuit, Paris.

Bourdieu P. (1986), « L'illusion biographique », *Actes de la recherche en sciences sociales*, n° 62-63, p. 53-76.

Bourdieu P. (1987), *Choses dites*, Minuit, Paris.

Bourdieu P. (1992), *Les Règles de l'art. Genèse et structure du champ littéraire*, Seuil, Paris.

Bourdieu P. (1994), *Raisons pratiques. Sur la théorie de l'action*, Seuil, Paris.

Bourdieu P. (1998), *La Domination masculine*, Seuil, Paris.

Bourdieu P., Chamborédon J.-C., Passeron J.-C. (1968), *Le Métier de sociologue*, Mouton-Bordas, Paris-La Haye.

Bourdieu P., *et allii* (1993), *La Misère du monde*, Seuil, Paris.

Bourdieu P., Passeron J.-C. (1964), *Les Héritiers*, Minuit, Paris.

Bourdieu P., Passeron J.-C. (1967-1968), *Introduction à la sociologie*, Philosophie, ministère de l'Éducation nationale, Institut pédagogique national, p. 4-15.

Bourdieu P., Passeron J.-C. (1970), *La Reproduction*, Minuit, Paris.

Callon M., Lascoumes P., Barthe Y. (2001), *Agir dans un monde incertain. Essai sur la démocratie technique*, Paris, Seuil.

Castel R. (1981), *La Gestion des risques*, Minuit, Paris.

Castel R. (1995), *Les Métamorphoses de la question sociale*, Fayard, Paris.

Colliot-Thélène C. (1995), « La sociologie réflexive, l'anthropologie, l'histoire », *Critique*, n° 579-580, p. 630-645.

CORCUFF P. (2001), « L'engagement aujourd'hui, entre les tyrannies du *nous* et les tyrannies du *je* », *Critique communiste*, été.
DONZELOT J. (1977), *La Police des familles*, Minuit, Paris.
DUBAR C. (2000), *La Crise des identités. L'interprétation d'une mutation*, PUF, Paris.
DUBET F. (1987), *La Galère : jeunes en survie*, Fayard, Paris.
DUBET F. (1994a), « La vraisemblance : entre les sociologues et les acteurs », *L'Année sociologique*, 3e série, n° 44, p. 83-107.
DUBET F. (1994b), *La Sociologie de l'expérience*, Seuil, Paris.
DURKHEIM É. (1963), *L'Éducation morale*, PUF, Paris (1re éd. 1925).
DURKHEIM É. (1963), *Les Règles de la méthode sociologique*, PUF, Paris, (1re éd. 1894).
DURKHEIM É. (1967), *De la division du travail social*, PUF, Paris, (1re éd. 1893).
DURKHEIM É. (1969), *Journal sociologique*, PUF, Paris.
DURKHEIM É. (1975), « L'application de la loi de divorce en France », in *Textes*, tome 2, Minuit, Paris, p. 198-204, (1re éd. 1906).
DURKHEIM É. (1975), « Le divorce par consentement mutuel », in *Textes*, tome 2, Minuit, Paris, p. 181-194, (1re éd. 1906).
DURKHEIM É. (1975), *Textes*, volumes 1, 2, 3 (établis par V. Karady), Minuit, Paris.
DURKHEIM É. (1986), *Le Suicide*, PUF, Paris, (1re éd. 1897).
EHRENBERG A. (1998), *La Fatigue d'être soi. Dépression et société*, O. Jacob, Paris.
ERNAUX A. (1981), *La Femme gelée*, Gallimard, Paris.
GAULÉJAC de V. (1987), *La Névrose de classe*, Hommes et Groupes éditeurs, Paris.
GIBBONS M., LIMOGES C., NOWOTNY E., SCHWARTZMAN S., SCOTT P., TROW M. (1994), *The New Production of Knowledge. The dynamics of Science and Research in Contemporary Societies*, Sage Publications, London.
GIDDENS A. (1987), *La Constitution de la société*, PUF, Paris.
GIDDENS A. (1991), *Modernity and Self-Identity. Self and Society in the Late Modern Age*, Stanford University Press, Stanford.
GIDDENS A. (1992), *The Transformation of Intimacy. Sexuality, love and eroticism in modern societies*, Stanford University Press, Stanford.
GIDDENS A. (1994), *Les Conséquences de la modernité*, L'Harmattan, Paris.
GODIN B., TRÉPANIER M. (2000), « La science : nouvel environnement, nouvelles pratiques ? », *Sociologie et Sociétés*, XXXII, n° 1.
GRENIER J.-Y., GRIGNON C., MENGER P.-M. (eds) (2001), *Le Modèle et le Récit*, Éditions de la MSH, Paris.
GRIGNON C. (1989), « Composition romanesque et construction sociologique », *in* GRIGNON C., PASSERON J.-C., *Le Savant et le Populaire*, Hautes Études, Gallimard, Seuil, Paris, p. 205-228.
HABERMAS J. (1991), *De l'éthique de la discussion*, Le Cerf, Paris.

KARSENTI B. (2001), « Le décalage du sens : de la sociologie à la phénoménologie », *in* BENOIST J., KARSENTI B. (eds), *Phénoménologie et sociologie*, PUF, Paris, p. 229-253.
KAUFMANN J.-C. (1992), *La Trame conjugale. Analyse du couple par son linge*, Nathan, Paris.
KAUFMANN J.-C. (2001), *Ego. Pour une sociologie de l'individu*, Paris, Nathan.
LAHIRE B. (1996), « Liminaire », *Critiques sociales*, n° 8-9, p. 3.
LAHIRE B. (1998), *L'Homme pluriel. Les ressorts de l'action*, Paris, Nathan, coll. Essais & Recherches.
LAHIRE B. (1999), *L'Invention de l'« illettrisme ». Rhétorique publique, éthique et stigmates*, La Découverte, Paris.
LASCH C. (1981), *Le Complexe de Narcisse. La nouvelle sensibilité américaine*, R. Laffont, Paris.
LEMIEUX C. (1999), « Une critique sans raisons ? L'approche bourdieusienne des médias et ses limites », *in* LAHIRE B. (ed.), *Le Travail sociologique de Pierre Bourdieu*, La Découverte, Paris, p. 205-229.
MARUANI M. (éd.) (1998), *Les nouvelles frontières de l'inégalité. Hommes et femmes sur le marché du travail*, La Découverte, Paris.
MENGER P.-M. (1986), « L'oreille spéculative. Consommation et perception de la musique contemporaine », *Revue française de sociologie*, XXVII, n° 3, p. 445-479.
MENGER P.-M. (1997), « Les intermittents du spectacle », *INSEE Première*, n° 510.
MENGER P.-M. (1998), *La Profession de comédien. Formations, activités et carrières dans la démultiplication de soi*, La Documentation française, Paris.
MUCCHIELLI L. (2001), *Violences et insécurité. Fantasmes et réalités dans le débat français*, La Découverte, Paris.
PASSERON J.-C. (1989), « L'illusion du monde réel : -graphie, -logie, -nomie », *in* GRIGNON C., PASSERON J.-C., *Le Savant et le Populaire*, Hautes Études, Gallimard, Seuil, Paris, p. 229-250.
PASSERON J.-C. (1990), « L'œil et ses maîtres. Fable sur les plaisirs et les savoirs de la peinture », Postface, in *Les Jolis Paysans peints*, IMPC, Marseille, p. 99-123.
PASSERON J.-C. (1991), *Le Raisonnement sociologique*, Nathan, Paris.
PELLETIER W. (1996), « Questionnaire et promotion de soi. Quelques hypothèses autour d'un "Merci" », *Critiques sociales*, n° 8-9, p. 16-54.
PINCON M., PINÇON-CHARLOT M. (1997), *Voyage en grande bourgeoisie*, PUF, Paris.
SENNETT R. (1979), *Les Tyrannies de l'intimité*, Seuil, Paris.
SINGLY de F. (1982), « Mariage, dot scolaire et position sociale », *Économie et statistique*, n° 142, p. 7-20.
SINGLY de F. (1987), *Fortune et infortune de la femme mariée*, PUF, Paris.
SINGLY de F. (1988), « Les ruses totalitaires de la pédagogie anti-autoritaire », *Revue de l'Institut de sociologie*, n° 1-2, p. 115-126.

SINGLY de F. (1996), *Le Soi, le couple et la famille*, Nathan, Paris.
SINGLY de F. (1998), « Bourdieu : nom commun d'une entreprise collective », *Le Magazine littéraire*, n° 369, p. 39-44.
SINGLY de F. (2001), « Charges et charmes de la vie », *in* LAUFER J. MARRY C., MARUANI M. (eds), *Masculin, féminin*, PUF, Paris, p. 149-167.
SINGLY de F., CHALAND K. (2001), « Quel modèle pour la vie à deux dans les sociétés modernes avancées ? », *Comprendre*, n° 2, Le lien familial, p. 283-300.
TOURAINE A. (1978), *La Voix et le Regard*, Seuil, Paris.
VERDES-LEROUX J. (1978), *Le Travail social*, Minuit, Paris.

2

# Utilité : entre sociologie expérimentale et sociologie sociale [1]

*Bernard Lahire*

On entre rarement en sociologie avec des idées claires sur le type de sociologie que l'on veut pratiquer et l'on n'apprend que très progressivement, au fur et à mesure de l'accumulation des travaux de recherche, à caractériser le style que l'on pratique en le distinguant – et en luttant parfois contre – d'autres styles. À la façon du psychologue Ignace Meyerson, qui définissait sa psychologie en parlant de « psychologie objective, comparative, historique » [Meyerson, 2000, p. 83], je pourrais qualifier « ma » manière de faire de la sociologie de rationnelle, empirique, tout à la fois expérimentale et sociale, mais aussi critique, dispositionnaliste, etc. Certaines de ces propriétés – et tout particulièrement les deux premières – devraient aller de soi et ne pas être mentionnées dans la caractérisation d'une « manière » de faire de la sociologie, mais admises comme des propriétés générales à la base de toute sociologie, quel que soit son style.

Force est de constater cependant que ceux qui peuvent institutionnellement s'autoriser à parler et à écrire au nom de la sociologie ne sont pas unanimement porteurs de ces propriétés

1. Je remercie Fabienne Federini et Pierre Mercklé pour les commentaires critiques qu'ils ont bien voulu me faire à propos d'une première version de ce texte et qui ont été à l'origine de nombre de précisions ou de modifications.

générales et qu'il est bien difficile de faire avancer une conception, et surtout une pratique, un tant soit peu exigeantes et rigoureuses de cette discipline qui, comme d'autres, a été longtemps le réceptacle des entreprises les plus éloignées de l'esprit scientifique [2]. Inversement, il est courant de voir des sociologues défendre leur manière singulière de faire de la sociologie (avec la liste entière des qualificatifs) comme « la seule manière de faire de la sociologie scientifique » (« La sociologie, c'est moi »). Et c'est parce qu'ils confondent leur manière de faire de la sociologie avec la « sociologie tout court » que les chercheurs ne peuvent se mettre d'accord sur des critères professionnels d'entrée dans le métier et, par conséquent, sur le socle de propriétés commun à tous, indépendamment du « style » (méthodologique et théorique) de chacun.

Or, sachant que l'utilité extra-scientifique de la sociologie dépend en partie de sa reconnaissance sociale en tant que discours scientifique légitime, il est clair que plus la sociologie atteindra un haut degré de rigueur scientifique et plus elle pourra escompter avoir du poids dans un monde social qui place (encore ?) très haut la production de vérités de type scientifique. Avant de répondre à la question : « À quoi sert la sociologie ? », il faudrait donc être capable de répondre à l'interrogation plus fondamentale : « Qu'est-ce qui définit la sociologie et le hors-sociologie ? » Accepter, de façon faussement démocratique, que le meilleur et le pire se côtoient au sein de cette discipline, est le meilleur moyen de perdre toute légitimité collective et, du même coup, toute utilité sociale [3].

---

2. La soutenance récente (le 7 avril 2001, à l'université Paris-V, sous la direction de M. Maffesoli) de la thèse d'Élisabeth Teissier en sociologie a été révélatrice de la persistance dans la discipline d'enseignants-chercheurs qui revendiquent le titre de sociologue sans manifester le minimum de rigueur intellectuelle (sans même parler de rigueur scientifique) et de volonté de faire preuve par l'enquête empirique. Mais ce même événement a prouvé aussi, par un certain nombre de réactions et de commentaires qui ont suivi, que l'on pouvait faire passer l'absence de rigueur et d'enquête pour « un style sociologique » comme un autre et la critique des manquements à la rigueur intellectuelle et au métier de sociologue pour un crime contre la liberté sociologique d'expression [Lahire, 2002b].

3. L'affaire « Maffesoli-Teissier » participe donc clairement d'une baisse de la légitimité et, du même coup, de l'utilité sociale de la sociologie. Comme l'écrivait Georg Simmel, un auteur que chérit une partie des sociologues de l'imaginaire et que cite très

Mais la question de l'utilité de la sociologie fait travailler plus particulièrement deux autres propriétés citées plus haut, à savoir les dimensions sociale et expérimentale. Après avoir présenté le tableau d'ensemble des styles de productions sociologiques et avoir abordé la question des frontières de la sociologie, j'essaierai de montrer en quoi la question : « À quoi sert la sociologie ? » engendre de fortes tensions chez tout chercheur qui entend inscrire ses travaux dans la tradition critique de la « sociologie sociale » tout en revendiquant la plus grande liberté expérimentale dans ses recherches et la plus forte autonomie scientifique.

## Sociologie et sociologies

Le tableau ci-après indique quelques principes non exhaustifs de classement des productions (plus que des producteurs, qui peuvent être les auteurs de productions de natures très différentes au cours de leur carrière) des sociologues tels qu'ils existent aujourd'hui à l'université, dans les grandes écoles et les grands organismes de recherche[4]. Tous ces principes de classement n'ont pas la même valeur. Ainsi, une sociologie scientifiquement plus avancée ne devrait plus accepter en son sein des productions qui n'ont pas pour principe un minimum d'esprit rationnel et argumentatif, et qui se caractérisent davantage par des stratégies rhétoriques/esthétiques de séduction (collages sémantiques, esbroufes verbales, usages de mots savants qui

---

pertinemment Yankel Fijalkow [2001, p. 18] : « Les sciences en voie de formation ont le privilège médiocrement enviable de servir comme d'un asile provisoire à tous les problèmes qui flottent dans l'air, sans avoir trouvé leur véritable place. Par l'indétermination et l'accès facile de leurs frontières, elles attirent les "sans-patrie" de la science, jusqu'à ce qu'elles aient pris assez de force pour rejeter hors d'elles tous ces éléments étrangers : l'opération est parfois cruelle, mais elle épargne bien des déceptions pour l'avenir. » [Simmel, 1889, p. 71.]

4. Je concentre ici mon propos sur les sociologues qui sont soumis à des contraintes disciplinaires fortes, en laissant volontairement hors du champ de ma réflexion tous ceux qui, sociologues de formation et revendiquant plus ou moins le titre, inscrivent davantage leurs activités et leurs productions dans des cadres extra-disciplinaires (entreprises, collectivités locales, bureaux d'études ou de conseils…).

« sonnent bien » accolés les uns aux autres, etc.) que par un effort soutenu pour convaincre rationnellement leur lecteur [5]. Elle devrait aussi, non seulement rendre difficile pour un sociologue de ne jamais produire aucune enquête empirique (au sens le plus large du terme : questionnaires, entretiens, observations, archives...) au cours de sa carrière, mais aussi marginaliser les productions à faible degré de sévérité empirique et d'exigence méthodologique qui lorgnent vers le journalisme le moins documenté ou l'essayisme le plus relâché. Dans une situation scientifiquement saine, il me semble, pour condenser le propos du tableau [6], que les productions de type scolaire devraient être essentiellement le fait de « producteurs » et non de purs « lecteurs », que les producteurs devraient tous être animés d'un esprit rationnel, que la primauté devrait être accordée par les chercheurs à des publications de recherches empiriques (*vs* publications de notes de synthèse, de *digests*, de manuels ou de réflexions d'ordre purement théorique) et que ces publications devraient être jugées, à la fois sur le plan de la solidité argumentative et sur le degré de sévérité empirique et d'exigence méthodologique mis en œuvre [7].

On constate que le tableau ne mentionne aucune différence d'« écoles » (de paradigmes théoriques, de théories du social...) ou de credo méthodologique (qualitativiste *vs* quantitativiste) qui pourtant occupent bien souvent tout l'espace physique des manuels universitaires et tout l'espace mental des esprits scolaires qui les lisent. *A priori*, tous les paradigmes peuvent prétendre à l'égale dignité scientifique dans la mesure où ils respectent un haut degré de sévérité empirique, d'exigence

5. Il est évident qu'aucune écriture, même la plus austère, n'est dépourvue d'effets de séduction et que certains auteurs peuvent combiner « beau style » et « esprit rationnel ». C'est lorsque l'effet de style remplace le travail argumentatif que le problème se pose. Tout est une question de degré.

6. J'ai mis en petites capitales les pôles vers lesquels il me semble que tout sociologue, quels que soient ses attachements théoriques et méthodologiques, devrait tendre. J'ai, par ailleurs, grisé plus ou moins les pôles qui devraient disparaître du champ d'une discipline plus exigeante scientifiquement.

7. Ces critères, qui permettent de faire le tri dans le degré de force probatoire des différents travaux sociologiques, sont présents dans une partie des réflexions épistémologiques de Jean-Claude Passeron [Lahire, 2001a].

*Ensemble des productions des sociologues*

| | | |
|---|---|---|
| • ***Manuels, notes de synthèse, compilations de textes commentés, présentations de théories, de méthodes ou d'auteurs...*** | | |
| PRODUCTIONS SCOLAIRES DE PRODUCTEURS | *versus* | Productions scolaires de lecteurs |
| • ***Publications de recherches*** | | |
| SOCIOLOGIE EMPIRIQUE | *versus* | Sociologie non empirique (philosophie sociale, synthèses théoriques, métathéorie) |
| PÔLE RATIONNEL, ARGUMENTATIF | *versus* | Pôle non rationnel, faiblement argumentatif (qualifié parfois de « postmoderne ») |
| FORT DEGRÉ DE SÉVÉRITÉ EMPIRIQUE ET D'EXIGENCE MÉTHODOLOGIQUE | *versus* | Faible degré de sévérité empirique et d'exigence méthodologique (tendance journalistique) |
| Sociologie expérimentale (innovations théoriques et méthodologiques, forte réflexivité...) | *versus* | Sociologie sociale (les thèmes, objets sont plus importants que l'inventivité scientifique... utilisation des produits d'un « art d'inventer déjà inventé ») |

méthodologique et de persuasion argumentative. Mais, dans les faits, les différences théoriques recouvrent souvent des différences d'exigence scientifique. Il y a ainsi des écoles théoriques qui engendrent peu de recherches empiriques ou qui se contentent d'un assez faible degré de contrôle méthodologique. Il y a des chercheurs appartenant à telle ou telle tradition théorique qui affirment plus qu'ils n'essaient de convaincre, etc. De même, une école théorique qui a pu produire par le passé de nombreux travaux à la fois empiriquement fondés, méthodologiquement maîtrisés et soigneusement argumentés peut s'être gelée en doctrine ou en catéchisme qui néglige la recherche empirique ou la qualité de la construction des enquêtes. En soi, aucune école théorique ne garantit la qualité scientifique des travaux réalisés dans son cadre : chaque production singulière doit être jugée en tant que telle à partir des critères scientifiques déjà évoqués (solidité argumentative, étendue et force de la base empirique, rigueur et contrôle méthodologiques).

## Entre sociologie sociale et sociologie expérimentale

La distinction que j'opère entre « sociologie sociale » et « sociologie expérimentale » prend appui sur l'opposition, classique dans le domaine de l'art, entre « l'art social » et « l'art pour l'art ». Il s'agit, bien entendu, d'une opposition de nature idéaltypique qui n'existe jamais aussi nettement dans le champ des sciences sociales, mais qui permet d'y voir plus clair dans la complexité des orientations scientifiques observables [8]. On peut même ajouter, pour être encore plus précis, que désignant des attitudes et des manières de faire, ces deux idéaltypes peuvent s'appliquer à des productions différentes d'un même auteur, voire à des aspects différents d'une seule et même production scientifique. Cette distinction des œuvres et de leurs producteurs est nécessaire si l'on veut rompre avec les simplifications académiques ordinaires appliquées aux individus (« il est ceci » ; « il n'est que cela »).

De même qu'il existe des artistes assignant des fonctions sociales à l'art et accordant un intérêt primordial aux thèmes et contenus de leurs œuvres, qui doivent revêtir un aspect didactique, il existe des sociologues s'inscrivant dans la tradition de ce

8. Il faut préciser que dès lors que les positions dans le champ scientifique ne sont plus à faire, on peut voir apparaître dans tous les camps des stratégies de bluff consistant à mimer les « gestes » et les propos qui sont associés à ces positions. Ainsi, l'écart n'a jamais été aussi grand entre l'invocation de la science, de la rigueur, de l'ascétisme, de la modestie, de la limitation de la part de « show », etc., et l'autohéroïsation la plus naïve, la rhétorique romantique de l'engagement personnel, les stratégies littéraires les plus commerciales effectivement déployées par certains chercheurs. Un exemple caricatural de ces contradictions en acte se donne à voir dans l'ouvrage de Loïc Wacquant, *Corps & Âme. Carnets ethnographiques d'un apprenti boxeur* [2001] ainsi que dans les interviews du sociologue accompagnant la sortie du livre (et mis en ligne par son éditeur). Il faudrait se demander ce qui reste en matière de savoir sociologique dans ce genre d'entreprise d'autopromotion mi-commerciale mi-militante après que l'on ait soigneusement ôté le narcissisme, l'exaltation d'une carrière académique aux États-Unis, la « frime » de l'évocation des « milliers de pages » de notes ethnographiques et les manifestations vibrantes de la fascination pour un maître.

que l'on pourrait appeler la « sociologie sociale » et qui souhaitent réaliser des travaux utiles dans le cadre des luttes sociales, morales, culturelles, idéologiques [9]... Inversement, le « sociologue expérimental » est comparable au tenant de « l'art pour l'art » en ce qu'il doit inventer sa position sociale, à savoir celle du savant « professionnel à plein temps, voué à son travail de manière totale et exclusive, indifférent aux exigences de la politique et aux injonctions de la morale et ne reconnaissant aucune autre juridiction que la norme spécifique de son art [10] » [Bourdieu, 1992, p. 115]. Il privilégie la construction de l'objet sur l'objet de l'étude et refuse de se laisser imposer par quiconque (dominants comme dominés) ses objets et ses thèmes d'étude [11].

La sociologie expérimentale se caractérise par une attention réflexive portée sur les outils théoriques et méthodologiques utilisés à propos d'objets empiriques bien délimités, par une inventivité méthodologique et possède un certain goût pour la variation des échelles d'observation ou des modes de découpage des objets en vue d'engendrer des connaissances spécifiques [12]. Une

9. En définitive, la sociologie sociale ne fait pas que privilégier certains objets (tels que le monde ouvrier ou sous-prolétaire, les classes sociales, les luttes syndicales ou politiques, etc.), mais sélectionne aussi une série de questions théoriques : inégalités, luttes, rapports de force, rapports de domination, etc. Ainsi, Jean-Claude Passeron écrivait-il il y a vingt ans dans une veine typique de la sociologie sociale : « Seules différences, contradictions et inégalités nourrissent utilement la connaissance sociologique. » [Passeron, 1981, p. 7.]

10. La phrase célèbre de Flaubert : « Je suis un homme-plume. Je sens par elle, à cause d'elle, par rapport à elle et beaucoup plus avec elle », condense, à sa façon, cette identification totale à l'activité d'écrivain.

11. Les écrivains qui défendent une conception de l'art pour l'art se caractérisent de même par un double refus : ils refusent à la fois le moralisme de l'esprit bourgeois et l'utilitarisme des défenseurs du peuple. Ni conformisme moral bourgeois ou petit-bourgeois ni moralisme populiste, leur position structuralement ambiguë leur a réservé des attaques croisées venues des deux camps opposés. On se rappelle du mot acerbe de Théophile Gautier face à l'injonction d'utilité dans le domaine littéraire : « L'endroit le plus utile d'une maison, ce sont les latrines. »

12. De telles dispositions (ce « souci de l'expérimentation ») ont été caractéristiques de la démarche des microhistoriens italiens selon Jacques Revel [Revel, 1996, p. 13]. En France, si Pierre Bourdieu a qualifié récemment sa démarche d'« anthropologie réflexive », cette réflexivité est mise en œuvre sur des choix conceptuels gelés et non discutables. Ainsi, la réflexivité peut être orientée vers les conditions de production des données (réflexivité sur les opérations de codage dans les enquêtes statistiques, sur les choix de terrain, le mode de sélection des enquêtés...), la position du chercheur dans le dispositif de l'enquête (notamment lorsqu'il fait de l'observation participante ou mène des entretiens), son rapport à l'objet, etc. Cette réflexivité à laquelle nous a habitué une

telle disposition expérimentale est souvent provoquée par la rupture plus ou moins radicale avec des cadres et des habitudes théoriques-méthodologiques routiniers qui, inventifs en leur temps, ont fini par perdre de leur rendement heuristique au point de ne plus apprendre de telle ou telle partie ou de tel ou tel aspect du monde social que ce que le modèle nous avait déjà appris cent fois auparavant sur d'autres terrains ou à propos d'autres domaines. Mais une rupture aveugle et dépourvue de réflexivité ne conduit pas à ce goût pour l'expérimentation et l'invention théoriques et méthodologiques. C'est seulement lorsqu'il se demande ce que le changement de découpage des objets, d'échelle d'observation ou de méthode de production des données crée comme types de connaissance, et qu'il se garde de considérer la nouvelle version du monde social ainsi produite pour *la* (seule) *vérité* (possible) sur le monde social, que le chercheur acquiert en fin de compte cette attitude de curiosité que le qualificatif « expérimental » peut suggérer, si on le réfère au sens qu'il revêt autant dans l'expression « cinéma expérimental » ou « littérature expérimentale » que dans celle de « science expérimentale » [Lahire, 1995, p. 38-39 et 2002].

De son côté, la sociologie sociale considère que, face aux graves problèmes sociaux (exploitation économique, chômage, domination politique ou culturelle, misères de toutes natures, etc.), il serait inconvenant, immoral, abusivement luxueux et décadent de s'occuper d'objets (jugés) socialement mineurs et dépourvus d'enjeux idéologiques. Les sociologues sociaux, comme les tenants de l'art social, qui ont toujours assigné des fonctions sociales ou politiques à la littérature et y ont réintroduit des enjeux politiques ou moraux, se caractérisent par leurs dispositions militantes, par leur faible propension à l'invention

partie de la sociologie – et qu'on pourrait résumer en disant que l'interprétation ne commence pas une fois l'enquête terminée, mais dès les premiers actes de recherche et à chaque nouveau pas – laisse toutefois ininterrogés des personnages centraux de l'intrigue scientifique : l'échelle d'observation adoptée et les outils conceptuels utilisés. Cf. le remarquable texte de Pierre Bourdieu, « Transmettre un métier » [1992, p. 189-195], qui oublie néanmoins de rappeler que les conseils pratiques prodigués aux apprentis-sociologues enferment toujours des théories sociologiques à l'état pratique.

théorique et leur mise à distance des recherches trop formelles [13]. De même que l'art social est d'autant plus fort et représenté au sein du champ littéraire que le contexte social et politique est plus propice à une remise en cause des rapports de domination et de pouvoir existants et à une interrogation sur les « dominés » de toutes natures, la sociologie sociale surfe ainsi sur les vagues des questionnements sociaux qui lui assurent une certaine audience et donnent une visibilité à ses produits [Bourdieu, 1992, p. 352] [14].

Malgré leurs nombreuses différences, l'une et l'autre partagent néanmoins des détestations communes. Par exemple, parce qu'il a perdu toute velléité critique en se mettant au service des pouvoirs (point de vue critique du sociologue social) et parce qu'il a perdu toute autonomie scientifique et toute perspective de connaissance pour devenir un « homme d'action » ou au service de l'action (point de vue critique du sociologue expérimental), le « sociologue d'institution » (sociologue d'entreprise, sociologue d'État, conseiller des princes…), qui revendique une utilité et une prise sur le réel contre tous les « idéalistes » refusant d'affronter les réalités du pouvoir, est, comme l'« artiste bourgeois », mis au banc de la sociologie par ces deux courants.

De même, les sociologies sociale et expérimentale se démarquent d'une partie de la sociologie « grand public » ou « commerciale » qui, comme « l'art commercial », flatte les goûts du plus grand nombre en prenant des thèmes à succès, d'actualité, en ne remettant guère en question la doxa ambiante et en effaçant le plus possible les marques propres au métier (d'artiste comme de sociologue). Cette sociologie, dont les magazines se font régulièrement l'écho, est à la fois fort peu ou faussement critique (juste ce qu'il faut pour apparaître savant,

---

13. Par exemple, en littérature « Duranty et Champfleury voulaient une littérature de pure observation, sociale, populaire, excluant toute érudition, et ils tenaient le style pour une propriété secondaire. » [Bourdieu, 1992, p. 135.]

14. On peut penser à *L'École capitaliste en France* de C. Baudelot et R. Establet publié chez Maspero en 1971 ou à *La Misère du monde* de Pierre Bourdieu publié au Seuil en 1993.

mais pas trop pour ne pas apparaître pédant [15]) et faiblement argumentée et érudite (s'adresser à un lectorat étendu suppose de faire des concessions objectives que les éditeurs les plus commerciaux ne cessent de rappeler aux auteurs : ne pas faire trop long, ne pas trop « jargonner », ne pas trop utiliser de notes de bas de page, ne pas faire « disparaître » l'objet derrière sa construction...). Toutefois, sociologies sociale et expérimentale se distinguent en ceci que la sociologie sociale ne rejette que les productions commerciales de nature conservatrice, alors que la sociologie expérimentale englobe dans sa critique les productions commerciales de la sociologie sociale dont elle perçoit tout autant le faible degré d'autonomie scientifique.

Enfin, l'une comme l'autre se démarquent d'une « sociologie académique » (politiquement conservatrice et trop à distance d'une partie des réalités sociales pour la sociologie sociale [16], totalement dépourvue d'audace et d'inventivité théoriques et méthodologiques et trop respectueuse des frontières disciplinaires pour la sociologie expérimentale), qui finit par perdre tout contact, non seulement avec la réalité sociale, mais avec la réalité des recherches empiriques les plus contemporaines, pour

15. Sur ce point, voir B. Lahire, « Entre experts et savants » [1999, p. 193-252]. La soumission la plus complète à la doxa la plus ordinaire peut d'ailleurs aujourd'hui se présenter sous la forme combattante d'une critique des critiques et revendiquer l'appartenance à une « sociologie compréhensive ». Le sociologue « compréhensif » (nouvelle manière) perçoit de toute évidence le sociologue critique comme un rabat-joie, un être qui ne sait pas goûter la saveur des choses, bref, un personnage grossier qui ne vit pas les choses mais les met à distance. À contre-courant des sociologues critiques, ses interventions apportent parfois un soutien inespéré à tous les représentants de la doxa. Ainsi, à propos de l'émission « Loftstory » diffusée sur M6, Jean-Claude Kaufmann n'a pas hésité à traiter ceux qui ont eu l'audace de critiquer l'émission de « nouveaux garants de l'ordre moral » ou à les accuser de « poujadisme intellectuel ». Mais il est vrai qu'aujourd'hui on peut faire passer n'importe quelle ignominie pour une « mutation anthropologique ». Et ce ne sont pas ceux qui commettent les fautes, mais ceux qui les dénoncent, qui sont désignés comme les vrais fautifs : « Le plus important n'est pas de dénoncer, c'est de comprendre. Et s'il y a à dénoncer, le crime le plus grave n'est peut-être pas celui que l'on croit : il est à mon avis surtout le fait des nouveaux inquisiteurs voulant nous imposer leurs jugements préétablis. » [Kaufmann, 2001, p. 14.]

16. Loïc Wacquant oppose sa « sociologie tripale, viscérale » à la *car window sociology*, qui se pratique « planqué derrière la vitre de sa Chevrolet », version nord-américaine du sociologue planqué derrière son bureau. Dès lors, il y a les vrais et les faux, ceux qui paient de leur personne et ceux qui restent planqués, etc. Mais cette logique de classement et de déclassement n'a rien d'une logique scientifique et le degré de scientificité des sociologues ne se mesure pas au nombre de « côtes cassées » sur le terrain.

s'enfermer dans l'exégèse sans fin des « grands auteurs » ou des « grandes traditions » ou dans l'inlassable perfectionnement technique des méthodes.

La perception mutuelle des sociologies expérimentale et sociale est assez semblable à celle que l'on observe dans le domaine artistique. La tension entre une sociologie sociale (qui privilégie les objets et tend à les moraliser-politiser en adoptant une hiérarchie implicite de leur dignité scientifique) et une sociologie expérimentale (qui risque de s'enfermer dans une créativité méthodologique ou théorique sans objet) ressemble à celle entre l'art social et l'art pour l'art, entre la volonté de dire des choses « importantes » sur le monde social (avec le risque de délaisser totalement la forme) et la recherche pure de l'esthétique, du style, de la forme (avec le risque de ne plus rien dire du monde [17]).

Vue à partir d'une sociologie sociale, l'art pour l'art de la sociologie (la sociologie pour la sociologie) a quelque chose d'un peu suspect. L'insistance (forcément nominaliste) sur la construction scientifique des objets, l'éventuelle sophistication des modèles ou des méthodologies ou le jeu avec les échelles d'observation peuvent être perçus comme des signes coupables de luxe (ou d'amusement) intellectuel et d'indifférentisme social. Le sociologue expérimental tombe ainsi sous le même type de critique que le tenant de l'art pour l'art : la défense intransigeante de son autonomie, l'amour pur de la connaissance scientifique en tant que telle et la méfiance à l'égard de toute demande sociale (même implicite) le font passer pour un affreux « individualiste apolitique » (détaché des réalités sociales et politiques), jugement qui le replace, malgré lui, dans le jeu politique et social du côté de ceux qui, ne luttant pas explicitement contre l'ordre inégal du monde, ne peuvent qu'en être les complices silencieux.

Inversement, le tenant de l'art pour l'art en sociologie regarde avec méfiance le sociologue social, souvent engagé, trop pris dans les luttes sociales pour rompre avec de nombreux implicites

17. Comme c'est le cas d'une partie des productions littéraires relevant de ce qu'on a appelé en France le « Nouveau roman ».

et sauvegarder son autonomie, trop concerné par ses objets pour avoir en même temps le désir et les moyens d'inventer de nouvelles manières de faire de la science. Celui qui vise à faire progresser ou à « inventer » de nouveaux points de vue de connaissance sait déceler chez le sociologue social l'utilisation ininterrogée et sans innovation des produits gelés de la recherche passée (qui a parfois été la plus avancée de son époque) et perçoit bien les limites sociales et politiques de sa pensée, les dettes qu'il a implicitement contractées envers les groupes ou les catégories dominés. Il voit et critique le chercheur happé par ses objets et prisonnier d'une volonté d'utilité sociale qui l'attire vers un réalisme épistémologique et un oubli des constructions scientifiques. Car la sociologie sociale, comme l'art social, atteint d'autant mieux ses objectifs qu'elle ne s'interroge pas trop sur les instruments (ou les formes esthétiques) qu'elle met en œuvre et sur les effets-limites du point de vue de connaissance qu'elle engage. En procédant de la sorte, elle décevrait les attentes réalistes de ses lecteurs potentiels : syndicalistes, politiques, militants, etc. Liée à (et tenue par) son public, cette sociologie ne peut se permettre de le perdre en donnant à voir ce qui apparaîtrait comme de la fioriture méthodologique et théorique, en étant trop inventive, et en faisant, du même coup, trop apparaître l'arbitrarité de sa démarche.

Le sociologue expérimental n'apprécie pas non plus chez le sociologue social le moralisme (et la hiérarchie implicite ou explicite) des objets qui caractérisent sa démarche. Pour celui-ci, en effet, certains objets scientifiques sont plus importants que d'autres et il finit par imposer une conception politique ou morale des objets principaux et des objets secondaires. C'est bien ce qui anime, par exemple, Jean Copans lorsqu'il fait la critique des objets qu'étudient une grande partie des sociologues français aujourd'hui : « Pour évoquer les thèmes, pourtant à la mode, du développement et de la mondialisation, les seuls textes significatifs aujourd'hui en langue française nous proviennent d'historiens, de géographes, d'économistes ou encore de politologues. La sociologie française, si brillante sur ces terrains dans les années

1950-1980, n'a plus rien à dire, et je comprends fort bien mes étudiants qui s'éloignent de ces thématiques car, même avec le meilleur des dossiers, ce qu'attendent mes collègues qui vont les recruter, ce sont des thèmes comme "Les incivilités dans le 93", "Mon portable, mon ordinateur et ma belle-fille", ou "L'interculturel entre la rue des Rosiers et le quartier de la Rose" [18]. » [Copans, 2001]. Or, la critique des objets repose sur un réalisme épistémologique qui confond objet et point de vue de connaissance sur l'objet. Pour emprunter les mots d'un éminent défenseur de l'art pour l'art en littérature, Claude Simon, on pourrait dire que, comme la peinture et le roman, la sociologie ne devrait pas tirer sa pertinence ou sa valeur « de quelque association avec un sujet important » [Simon, 1986, p. 29] ; inversement la sociologie ne devrait pas être déjugée sur la base de quelque association avec un sujet jugé futile ou insignifiant. La sociologie expérimentale supporte mal l'injonction morale-politique, perçue comme terroriste, en matière de choix des objets de recherche que la sociologie sociale fait peser sur les chercheurs qui y sont sensibles. Elle développe un a-moralisme de principe en refusant absolument de se laisser imposer des critères idéologiques ou moraux de choix.

Mais si l'on peut trouver des figures quasi exemplaires de ces deux pôles (quoique le nombre des sociologues représentant la tendance expérimentale soit extrêmement limité), il n'est pas illusoire de vouloir cumuler les deux points de vue en dirigeant l'étude, à partir d'une conception expérimentale, sur des thèmes ou des champs d'intérêts qui appartiennent à l'univers de la sociologie sociale et critique (inégalités, dominations, pouvoirs, stigmatisations, ethnocentrismes...) [19]. En définitive, la volonté

18. Ce type d'argument, souvent utilisé politiquement par ceux qui sont en lutte pour la définition du malheur le plus légitime, n'a pas de limite d'utilisation et peut facilement se retourner contre ceux qui s'en servent. En effet, que vaut l'étude du mouvement ouvrier français face à celle de la misère des peuples africains ? Quelle légitimité accorder à l'étude de la domination culturelle ou des inégalités scolaires à côté de l'étude des effets de l'exploitation économique ? Devant de tels arguments, le sociologue expérimental ne peut qu'affirmer clairement qu'en matière de science, l'argument « moral » ou « politique » sur les objets est inacceptable.

19. C'est cette double contrainte qui a orienté, en ce qui me concerne, des publications telles que *Tableaux de familles* [1995] et *L'Invention de l'illettrisme* [1999].

de cumuler deux positions en tension n'est pas étrangère à l'attitude des écrivains qui, tout en défendant une conception de l'art pour l'art (qu'on pense à Baudelaire ou à Flaubert) et en privilégiant la forme sur le contenu, n'ont cependant pas été totalement étrangers à l'art social. Critiqués, traînés en justice pour leur amoralisme, ils n'ont jamais vraiment réalisé le programme pur qu'évoquait Flaubert dans une lettre datée du 16 janvier 1852 et adressée à Louise Colet : « Ce qui me semble beau, ce que je voudrais faire, c'est un livre sur rien, un livre sans attache extérieure, qui se tiendrait de lui-même par la force interne de son style, comme la terre sans être soutenue se tient à l'aise [...]. C'est pour cela qu'il n'y a ni beaux ni vilains sujets et qu'on pourrait presque établir comme axiome, en se posant au point de vue de l'Art pur, qu'il n'y en a aucun, le style étant à lui tout seul une manière absolue de voir les choses. » [Flaubert, 1980, p. 31.] Même si Flaubert tenait davantage à la transgression des conventions littéraires, et notamment des structures formelles du roman, son succès public s'est bâti en partie – avec *Madame Bovary* notamment – en raison de la transgression des mœurs [20].

## Indignations et engagements : de quelle nature est l'utilité ?

On voit très bien comment, sans être totalement incompatibles, les deux points de vue entrent néanmoins clairement en tension lorsqu'on considère leur orientation respective en matière d'indignation et d'engagement. Pour le défenseur d'une sociologie expérimentale, on pourrait dire que l'engagement et l'indignation sont, d'abord et avant tout, scientifiques [21]. En revanche, plus proche du militant politique, le sociologue social a un engagement et des indignations de nature essentiellement

20. *L'Éducation sentimentale*, qui parut dix ans plus tard en ne laissant guère d'ambiguïté sur l'intention esthétique de l'auteur, ne rencontra pas le même succès public.

21. Les commentateurs de l'œuvre et de la biographie de Baudelaire ont pu ainsi parfois parler de son « engagement poétique ».

sociale et politique. Embrasser la cause de la science pour les premiers, celle des dominés pour les seconds.

On trouve une formulation exemplaire de la première attitude dans un propos de Jean-Claude Passeron :

« Mis à ce rouet de la responsabilité des effets sociaux ou politiques de sa sociologie, le sociologue n'a qu'une échappatoire : c'est d'en finir par une décision carrée, avec toutes ces tempêtes sous un crâne qui le sont aussi dans un verre d'eau, par le choix d'assumer son inconscience politique, en se faisant sourd aux remontrances de droite et de gauche sur sa *political incorrectness*. Une seule solution : tout dire (si on a trouvé quelque chose), tout publier (si on y arrive), quels que soient le lieu et l'heure, quel que soit l'effet conjoncturel plus ou moins pronosticable. La vérité sociologique n'est jamais vraiment mauvaise, même si elle dérange toujours quelqu'un, pas toujours le même : conservateur un jour de la semaine, révolutionnaire le lendemain. [...] Qu'on lui montre du doigt le point où gît l'erreur de raisonnement ou le biais d'observation, rien de mieux : de cela il est responsable par le métier qu'il a choisi. Mais au nom de cette responsabilité, il ne peut faire autrement que de s'assumer du même coup comme irresponsable des effets (politiques ou moraux) de ce qu'il publie : il est sinon déjà entré dans une casuistique de la *political correctness* où au nom de la responsabilité sociale du sociologue il sera vite conduit à raisonner, à parler et à publier sous la dictature d'une hypothétique utilité (ou désutilité) sociale. » [Passeron, Moulin et Veyne, 1996, p. 303.]

Le même auteur distingue, par ailleurs, l'« indignation logique » – comme horreur de la contradiction entre le raisonnement et la conduite d'une personne – de l'« indignation éthique ». En détournant le sens initial de cette expression, on pourrait dire que les premières (ce qui ne veut pas dire les seules) indignations que devrait ressentir un sociologue de métier sont des indignations logiques lorsqu'il tombe – en se relisant ou en lisant ses collègues – sur des erreurs de raisonnements, des contradictions argumentatives, des non-sens logiques, des incohérences entre l'interprétation et le matériau interprété, des maladresses méthodologiques, etc. Ce n'est pas que le sociologue doive refuser systématiquement d'entrer dans le débat politique ou social, mais que son premier devoir est de viser à réaliser le travail le plus scientifiquement contrôlé possible. Son idéologie professionnelle devrait être celle de l'art pour l'art, de la science pour la science, avant d'être celle de la science en vue de perspectives et d'utilités extra-scientifiques. À la question : « À quoi sert la sociologie ? », le sociologue répond alors sereinement : « À rien d'autre qu'à produire des vérités scientifiques sur le monde social. » Le sociologue n'est au service de personne (ce qu'admet partiellement le sociologue social qui dénonce volontiers les sociologues « appliqués » servant les pouvoirs politiques, économiques, médiatiques...), il est uniquement au service de la vérité chèrement conquise. Dire cela ne signifie pas que les savants doivent être dépourvus de réflexions et d'engagements politiques, éthiques ou sociaux. Cela ne signifie pas non plus que les recherches sociologiques devraient être soigneusement déconnectées des questions sociales, morales et politiques de leur époque. On sait bien qu'en fonction de leurs trajectoires et de leurs rapports aux valeurs, les chercheurs importent dans leur métier des questionnements, des angles de vue, des préoccupations, et parfois même des colères et des agacements qui leur sont propres[22].

Les sociologues sociaux peuvent aisément caricaturer la position de ceux qui, essayant de faire le plus correctement possible leur métier, commencent par viser la science avant de regarder ailleurs. Par exemple, c'est avec le même degré de conviction

---

22. De ce point de vue, il y a de quoi s'inquiéter dès lors qu'on constate qu'une partie des types de questionnement ou d'agacement ne sont pas représentés parmi les sociologues de métier. Les arguments avancés par Max Weber pour défendre l'idée qu'un anarchiste puisse utilement occuper une chaire dans une faculté de droit vont dans ce sens : « En effet, il n'y a pas de doute qu'un anarchiste peut être un bon connaisseur du droit. Et s'il l'est, le point archimédéen, pour ainsi dire, où il se trouve placé en vertu de sa conviction objective – pourvu qu'elle soit authentique – et situé *en dehors* des conventions et des présuppositions qui paraissent si évidentes à nous autres, peut lui donner l'occasion de découvrir dans les intuitions fondamentales de la théorie courante du droit une problématique qui échappe à tous ceux pour lesquels elles sont par trop évidentes. En effet, le doute radical est le père de la connaissance. » [1992, p. 375-376.]

que Pierre Bourdieu pouvait hier (à partir d'une conception « art pour l'art » de la sociologie) faire l'éloge du sociologue qui avait fait le choix de « déchirer les adhérences et les adhésions par lesquelles on tient d'ordinaire à des groupes », d'« abjurer les croyances qui sont constitutives de l'appartenance » et de « renier tout lien d'affiliation ou de filiation » [Bourdieu, 1982, p. 8-9] ou faire la critique des intellectuels « qui s'autorisent de la *compétence* [...] qui leur est socialement reconnue pour parler avec autorité bien au-delà des limites de leur compétence technique » [Bourdieu, 1980, p. 72] et qu'il peut aujourd'hui fustiger les savants qui ont choisi les « facilités vertueuses de l'enfermement dans leur tour d'ivoire[23] » [Bourdieu, 2001, p. 9]. Quand on sait l'ascétisme, l'effort permanent consenti et la modestie qu'une conscience scientifique suppose, on pourrait dire que la facilité est davantage du côté de la critique (adressée en l'occurrence à un état antérieur de soi). De même, aux (présupposées) « facilités vertueuses » du sociologue concentré sur son métier, peuvent s'opposer les « facilités » de ceux qui quittent le travail fastidieux d'enquête pour « se mêler aux débats [...] du monde journalistique et politique » [Bourdieu, 2001, p. 9].

Mais en définitive, rien n'est facile pour personne – ni pour le sociologue soucieux de son autonomie, ni pour le sociologue voulant entrer réellement en dialogue avec des militants ou intervenir avec quelque efficacité dans l'espace public tout en gardant

23. Force est de constater que c'est dans un autre état de croyance, et en limitant le temps passé à d'autres activités que l'activité proprement scientifique, que Pierre Bourdieu a créé l'œuvre qui, paradoxalement, rend possible désormais un tout autre discours. Mais, comme n'importe quel acteur ordinaire, le sociologue ne détient pas la représentation vraie de sa situation objective. On pourrait dire à propos de Bourdieu que c'est le modèle de la fructification publique-politique (en toute dernière partie de carrière) d'un savoir scientifique chèrement conquis dans l'autonomie la plus intransigeante (première partie de carrière) qui semble pertinent pour décrire la vérité objective des conditions de son engagement et non le modèle du lien établi d'emblée entre le « chercheur compétent » et les militants [2001, p. 10-12]. On peut affirmer que s'il avait été lui-même séduit par les sirènes de l'engagement, il est évident qu'il n'aurait pas l'œuvre qu'il a. Les jeunes chercheurs qui s'engagent dans l'action publique à la suite des incitations du sociologue devraient au moins être conscients – pour ne pas vivre de trop grandes désillusions – que celui dont ils admirent le travail scientifique n'est ce qu'il est que parce qu'il a fait, en son temps, exactement le contraire de ce qu'il appelle à faire désormais. « Il n'est pas sage, écrivait Nietzsche, de laisser le soir juger le jour. » [1989, p. 271.]

une crédibilité scientifique – et les débats ne devraient pas se réduire à des échanges d'insultes académiques éculées (*e. g.* l'argument de « la tour d'ivoire »). Néanmoins, pour que les sociologues qui ont quelques bonnes raisons de résister à tout engagement un peu durable et ceux qui veulent s'engager avec quelques bonnes raisons de penser pouvoir apporter quelque chose de spécifique à l'action politique et sociale, puissent se rapprocher, il faudrait qu'ils débattent sérieusement des difficultés concrètes du passage de la pertinence et de la compétence scientifiques à l'utilité sociale et politique.

Par exemple, ceux qui ont d'emblée une visée politique, idéologique, morale au moment de leur travail d'enquête et qui gardent en permanence un œil rivé sur les fonctions sociales ou les services que pourrait rendre leur travail, ont parfois bien du mal à ne pas confondre le savant et le politique en eux : en se retenant de tenir des propos qui pourraient être jugés, par soi-même et par d'autres, politiquement incorrects, en évitant d'être trop démobilisateur dans la mesure où la logique de l'action suppose une foi sans faille (alors même que la logique de la connaissance peut entraîner parfois vers un certain désenchantement du monde), en allant un peu plus vite en besogne interprétative face aux données empiriques parce que la conviction politique – qui est déjà là, avant enquête et avant interprétation des données de l'enquête – les guide, en dénonçant plutôt qu'en énonçant, en acceptant de travailler sur des objets tels qu'ils sont définis par une partie du monde social parce qu'ils sont accrédités par des forces sociales progressistes (la critique du sens commun et des « faux problèmes » se cantonnant dans la critique adressée aux « adversaires » : patronat, État, médias, syndicats réformistes, etc.), et ainsi de suite. De petits glissements en petites accommodations, le sociologue social peut avoir du mal, en fin de compte, à maintenir les règles de l'art qui sont, à un moment ou à un autre, fatalement en contradiction avec ses pulsions ou ses convictions politiques.

De même, on ne peut laisser croire que la conjugaison des temps de la science et de l'engagement est une opération qui s'effectue dans l'harmonie la plus parfaite. Il y a clairement – et tous ceux qui l'ont vécu ou le vivent encore peuvent en témoigner – un conflit d'investissement. Être au sommet de son art (sociologique) suppose de pouvoir lui consacrer un temps important qui n'en laisse plus guère pour le hors-science. C'est d'ailleurs bien ce que rappelle Pierre Bourdieu lorsqu'il affirme que l'« on n'est sociologue qu'à temps plein » [Bourdieu, 2000, p. 43]. Comment, à ce temps déjà plein, peut se rajouter un autre temps, celui de la collaboration avec des militants afin de mettre en place de nouvelles formes d'action et de lutte [24] ? La vérité est que le temps de l'engagement sérieux est aussi un temps bien rempli et qu'il est difficile de tout cumuler dans une seule vie. Le raisonnement est d'ailleurs tout aussi vrai en partant des militants. Ces derniers ne disposent pas toujours eux-mêmes d'un temps d'« étude » suffisant pour s'approprier avec profit les produits des travaux savants et l'on a vu nombre de ceux qui se frottaient au monde de la recherche quitter progressivement le militantisme pour goûter aux joies de la réflexion philosophique ou scientifique [25].

De ce point de vue, ce n'est sans doute pas seulement par manque de courage, par mépris des actions politiques ou du fait de conceptions intellectualistes des tâches et de l'action politiques que nombre d'intellectuels réduisent leur intervention publique à la signature de pétitions déjà rédigées par d'autres : c'est d'abord et avant tout par manque de temps, car la signature est l'acte qui, engageant l'autorité scientifique du chercheur et son capital de reconnaissance social, lui coûte le moins de temps et s'accorde le mieux avec le temps plein de son activité

24. Il y a, de plus, quelque naïveté à laisser penser que les « chercheurs compétents » (en général) et les « responsables militants » [Bourdieu, 2001, p. 12], même s'ils se sentent tous « progressistes » et « à gauche », sont forcément proches d'un point de vue idéologique. C'est faire comme s'il était entendu que « le progrès » signifiait la même chose pour tout le monde et comme s'il n'y avait pas de contradictions et d'incompatibilités profondes entre les différents mouvements qui en appellent aujourd'hui, avec la même foi, au progrès de l'humanité.

25. Et ce n'est que très abstraitement que l'on évoque ici, faute de temps, les conflits d'investissement entre temps de la science et temps de l'engagement. Car il faudrait, pour être complet, rappeler que les mêmes sociologues « doivent » aussi du temps en tant que père ou mère, fils ou fille, frère ou sœur, etc.

scientifique, pédagogique et institutionnelle [26]. On comprend, pour les mêmes raisons, que certains chercheurs puissent refuser de participer à cet acte minimaliste d'engagement qu'ils perçoivent comme un geste trop facile pour être honnête : socialement peu efficace, il rapporte un profit symbolique sans rien coûter ou presque en temps de travail [27].

La question de l'utilité de la sociologie et de l'engagement du sociologue est rarement posée de façon aussi précise par les sociologues qui conseillent souvent par ailleurs d'objectiver les pratiques des acteurs qu'ils étudient. Le plus souvent, les problèmes concrets sont éludés et remplacés par de grands discours abstraits et par des positions de principes autour de la (bonne, mauvaise ou fausse) « neutralité axiologique », de l'« engagement » ou du « dés-engagement » des intellectuels. Considéré à ce niveau d'abstraction, le sociologue qui essaie de maintenir contre vents et marées le cap scientifique est d'avance perdant dans la mesure où il apparaîtra toujours plus étriqué et moins héroïque avec son rappel des règles du métier et de la limite des compétences que celui qui lance généreusement (mais totalement gratuitement) l'idée selon laquelle on peut gagner sans difficulté sur les deux tableaux, et que science et engagement sont non seulement compatibles, mais souhaitables pour le bien de la science (qui de toute façon serait, qu'on le veuille ou non, toujours engagée) comme pour celui de l'action sociale ou politique.

---

26. On notera ici que nombreuses sont les tâches, propres au métier d'enseignant-chercheur ou de chercheur, lorsqu'on veut organiser au mieux ce petit coin-là de vie sociale qu'est la vie collective des institutions pédagogiques et scientifiques : commissions de recrutement ou de qualification, conseils scientifiques, comités de rédaction, réunions pédagogiques, lectures des travaux des étudiants, évaluations de ces travaux, participations aux attributions de bourses et allocations diverses, etc. Et quand il lui reste du temps pour lire les productions de ses collègues (de plus en plus nombreux et difficiles à connaître), réaliser des enquêtes, les interpréter et les publier, alors le temps plein est déjà plus que largement rempli.

27. Il n'est pas cynique de rappeler ici les profits symboliques que les intellectuels peuvent avoir à donner régulièrement à lire leur nom dans la presse intellectuelle, à associer leur nom à d'autres plus prestigieux qu'eux, etc. Une sociologie de la façon dont se signent les pétitions serait amenée à constater que, dans plus d'un cas, la décision de signer ou de ne pas signer est moins liée à la « cause » défendue qu'aux noms des premiers signataires auxquels on veut s'associer ou vis-à-vis desquels on entend se démarquer.

On aboutit, du même coup, à une défense purement verbaliste de la « science » et de ses valeurs qui n'est bonne ni pour la science, ni pour ceux à qui le sociologue veut apporter son aide. Car mieux vaut un militant à temps plein qui s'est approprié les travaux des sciences sociales qu'un savant qui a partiellement ou complètement cessé dans les faits de l'être pour devenir un intervenant public à mi-temps.

La question qui se pose finalement est celle des fondements de l'engagement ou de l'utilité du sociologue. Au nom de quoi celui-ci peut-il intervenir hors de son champ d'activité (la production de vérités – partielles mais passées par toutes les étapes du contrôle scientifique – sur le monde social) pour modifier le cours du monde ? On pourrait tout d'abord souligner l'arrogance des intellectuels-savants qui pensent parfois être – par leur statut de savant – plus légitimes que d'autres pour intervenir sur des questions sociales et politiques. Faut-il être savant, et reconnu par ses pairs, pour pouvoir légitimement s'indigner de l'extension du travail précaire, des licenciements en masse organisés par des entreprises qui maintiennent par ailleurs leurs profits, du traitement politique réservé aux « sans-papiers », des conditions de logement précaires, du sort fait aux « sans-abri », de la fermeture des petites maternités, des actes de violence racistes, sans parler des génocides ou des actes de torture passés ou présents ? Si les spécialistes du monde social peuvent, parfois mais pas toujours, posséder des compétences spécifiques pour parler des logiques qui conduisent à telle ou telle situation jugée scandaleuse, ils n'ont pas, en tant que tels, plus de légitimité pour s'indigner et lutter que n'importe quel autre citoyen [28].

De la réponse apportée à la question du fondement de l'engagement des sociologues, dépendront la forme et les limites de celui-ci. Trois grands types de justifications sont généralement proposés :

---

28. Lorsque Max Weber exprime clairement sa préférence pour une République parlementaire en 1918, il ne le fait ni au nom d'une autorité scientifique, ni en évoquant ses compétences scientifiques ou les résultats de ses travaux d'économiste ou de sociologue.

1) le chercheur s'autorise à intervenir dans la vie publique sur le modèle de l'intellectuel spécifique [Foucault, 1976], c'est-à-dire à partir des *compétences spécifiques* qu'il a acquises sur telle ou telle partie du monde social. Cela le conduit en bonne logique à s'abstenir de toute intervention dès lors qu'il ne possède aucune compétence particulière sur le sujet en question [29] ;

2) le chercheur intervient sur la base d'un *capital de reconnaissance*, d'un « vedettariat » acquis dans son champ scientifique tout d'abord, puis dans les médias. En pareil cas, il ne fait que mettre son poids symbolique dans la balance, indépendamment de ses compétences, comme peuvent le faire des vedettes de cinéma, des chanteurs ou des sportifs qui souhaitent défendre une cause, soutenir une action, une personnalité politique... ;

3) le chercheur peut s'engager, enfin, au nom de *valeurs universelles* (« désintéressement », « probité », « vérité »... [Bourdieu, 2001, p. 33-34]) dont les producteurs culturels en général, les scientifiques en particulier, sont censés être les porteurs privilégiés.

Or, sachant que le capital de reconnaissance sociale n'est pas propre aux savants et que ceux-ci ne sont pas non plus les mieux dotés en la matière (mieux vaut, de ce point de vue, avoir le soutien d'un grand chanteur de variétés ou d'un groupe de rock reconnu que d'un sociologue), sachant par ailleurs qu'on peut raisonnablement émettre quelques doutes sur ces valeurs universelles auxquelles les intellectuels seraient plus particulièrement attachés [30] (pourquoi en ce cas ne pas évoquer aussi les valeurs

29. C'était par exemple la position d'un philosophe aussi exigeant intellectuellement que Ludwig Wittgenstein : « Le silence délibéré et presque agressif de Wittgenstein, si difficile à comprendre pour ceux qui jugent les intellectuels essentiellement en fonction de leurs prises de position sur les questions du jour, n'a cependant rien à voir avec une quelconque indifférence à l'égard des problèmes et des drames du monde contemporain. L'idée de se prononcer, par obligation ou par profession, sur des questions particulièrement graves pour lesquelles il estimait n'avoir aucun droit réel à la parole lui a toujours été complètement étrangère. [...] Wittgenstein doit être compris comme un philosophe qui a revendiqué et exercé en priorité le droit de se taire. » [Bouveresse, 2000, p. 154.]

30. Une sociologie un tant soit peu lucide des savants conduirait à beaucoup plus de nuances dans ce genre de tableau très idéalisé : le champ des sciences sociales est autant un champ de batailles où s'observent mesquineries, absence totale de solidarité, individualisme, violences, esprit de vengeance, volonté de vaincre par tous les moyens, etc., liés à une situation de forte concurrence et d'incertitude sur les moyens d'y parvenir,

tout aussi nobles de « solidarité » dont ont été souvent porteurs les mouvements ouvriers ?), il paraît évident que les raisons de l'engagement des savants et leur *utilité spécifique* dans les luttes sociales sont liées à leurs compétences scientifiques. Reste donc à penser, le plus correctement et le plus lucidement possible, les voies concrètes par lesquelles les sociologues peuvent, sans tuer ou affaiblir le scientifique qui est en eux, contribuer utilement à la réflexion et à l'action publique. Tout un programme.

## Références bibliographiques


BOURDIEU P. (1980), *Questions de sociologie*, Minuit, Paris.

BOURDIEU P. (1982), *Leçon sur la leçon*, Minuit, Paris.

BOURDIEU P. (1992), *Les Règles de l'art. Genèse et structure du champ littéraire*, Seuil, Paris.

BOURDIEU P. (2000), *Propos sur le champ politique*, PUL, Lyon.

BOURDIEU P. (2001), *Contre-feux 2*, Raisons d'agir Éditions, Paris.

BOURDIEU P. et WACQUANT L. (1992), *Réponses. Pour une anthropologie réflexive*, Seuil, Paris.

BOUVERESSE J. (2000), *Essais I. Wittgenstein, la modernité, le progrès et le déclin*, Agone, Marseille.

COPANS J. (2001), « La sociologie, astrologie des sciences sociales ? », *Le Monde*, lundi 30 avril.

FIJALKOW Y. (2001), « L'affaire Teissier : chronique internaute », *Science et pseudo-sciences*, n° 247, juin, p. 15-18.

FLAUBERT G. (1980), *Correspondances*, tome 2, Gallimard, Paris.

FOUCAULT M. (1976), « La fonction politique de l'intellectuel », *Politique-Hebdo*, 29 novembre-5 décembre, p. 31-33.

KAUFMANN J.-C. (2001), « Voyeurisme ou mutation anthropologique », *Le Monde*, vendredi 11 mai.

LAHIRE B. (1995), *Tableaux de familles. Heurs et malheurs scolaires en milieux populaires*, Gallimard/Seuil, coll. « Hautes Études », Paris.

LAHIRE B. (1999), *L'Invention de l'"illettrisme". Rhétorique publique, éthique et stigmates*, Éditions La Découverte, coll. « Textes à l'appui », Paris.

LAHIRE B. (2001a), « Sociologie et analogie : Jean-Claude Passeron, la métaphore et le disjoncteur », *in* J.-L. FABIANI (dir.), Le Goût de l'enquête. Pour


qu'un champ porteur de valeurs universelles… On pourrait dire plus justement que c'est *malgré* de tels comportements qu'un peu de vérité parvient tout de même à être produite sur le monde social.

Jean-Claude Passeron, L'Harmattan, coll. « Logiques sociales », Paris, p. 37-70.

LAHIRE B. (2001b), « Comment devenir docteur en sociologie sans posséder le métier de sociologue ? », *Revue européenne des sciences sociales*, tome XXXIX, n° 122, p. 5-29.

LAHIRE B. (2002), *Portraits sociologiques. Dispositions et variations individuelles*, Nathan, coll. « Essais & Recherches », Paris.

MEYERSON I. (2000), *Existe-t-il une nature humaine ?*, Sanofi/Synthélabo, « Les empêcheurs de penser en rond », Paris.

NIETZSCHE F. (1989), *Aurore*, Folio-Gallimard, Paris.

PASSERON J.-C. (1981), « Le sens et la domination », in F. CHEVALDONNÉ, *La Communication inégale*, Éditions du CNRS, Paris, p. 7-14.

PASSERON J.-C., MOULIN R. et VEYNE P. (1996), « Entretien avec Jean-Claude Passeron. Un itinéraire de sociologue », *Revue européenne des sciences sociales*, tome XXXIV, n° 103, p. 275-354.

REVEL J. (1996), « Présentation », in J. REVEL (dir.), *Jeux d'échelles. La micro-analyse à l'expérience*, Gallimard/Seuil, coll. « Hautes Études », Paris, p. 7-14.

SIMMEL G. (1889), « Comment les formes sociales se maintiennent », *Année sociologique*, 1.

SIMON C. (1986), *Discours de Stockholm*, Minuit, Paris.

WACQUANT L. (2001), *Corps & Âme. Carnets ethnographiques d'un apprenti boxeur*, Agone, Marseille.

WEBER M. (1992), *Essais sur la théorie de la science*, Presses Pocket, Agora, Paris.

3

# La sociologie et la réponse à la demande sociale [1]

*Robert Castel*

La « demande sociale » suscite parmi les sociologues des réactions ambiguës. Y répondre, ce serait pour beaucoup accepter la compromission et risquer de dévoyer les exigences de la rigueur au service de finalités étrangères à la recherche de l'objectivité scientifique. Mais en même temps, la recherche en sciences sociales est de plus en plus dépendante de financements proposés par des organismes publics ou privés qui sollicitent l'analyse ou l'expertise sociologique, en fonction des questions pratiques qu'ils se posent, et non du souci de faire progresser le savoir, et peu de sociologues sont en fait indifférents à ces demandes. Il en va de même pour le rapport aux médias, qui peut être considéré comme un cas particulier de réponse à la demande sociale. Une attitude très commune dans le milieu sociologique consiste à dénoncer les simplifications outrancières et les interprétations partiales, si ce n'est perverses, que le traitement médiatique fait subir au travail sociologique. Cependant les mêmes se plaignent souvent de la confidentialité à laquelle leurs recherches sont condamnées, et il n'est pas certain que

1. Texte initialement paru dans la revue *Sociologie du travail*, n° 2, vol. 42, avril-juin 2000, p. 281-287.

l'accusation de narcissisme adressée à certains collègues que l'on voit souvent à la télévision ne cache pas une certaine envie.

Ces questions ne sont ni nouvelles, ni originales. Elles mériteraient toutefois d'être franchement débattues entre sociologues, car elles engagent la responsabilité professionnelle de chacun en particulier et du milieu sociologique en général. Elles ne paraissent pas susceptibles de recevoir une réponse univoque, aussi tout le monde pourrait être invité à donner son avis pour le verser au débat. Puisqu'on me l'a demandé, c'est ce que je tenterai ici en donnant à discuter une opinion qui, comme on dit, n'engage que moi-même.

J'ai personnellement très peu répondu à des commandes, et j'ai fait très peu de travaux financés dans le cadre de contrats. Je ne m'en vante pas, c'est simplement un fait qui m'a donné le plaisir d'être totalement libre dans le choix et l'exécution de mes recherches, mais qui aussi limite les sujets que l'on peut traiter et la manière dont on peut les traiter. Toujours est-il que je me suis généralement autocommandé et autofinancé, ce qui n'a pas exigé de gros sacrifices, car j'ai eu plus souvent besoin de tickets de métro pour aller en bibliothèque, ou de temps à dépenser pour écouter les gens, que de crédits pour monter de grandes enquêtes. La contrepartie est que je n'ai fait que du travail artisanal, mais je ne suis pas certain que la communauté scientifique y ait beaucoup perdu. Je ne crois pas non plus avoir abusé des prestations médiatiques.

Je pars de cet énoncé d'une posture purement personnelle pour situer l'opinion que je vais proposer. En dépit du fait que je n'ai jamais couru après la demande sociale, et que ce n'est pas aujourd'hui que je vais commencer, j'ai une très grande suspicion à l'égard d'une attitude frileuse que l'on pourrait qualifier de puritanisme sociologique qui méprise les compromis avec le siècle et exalte les vertus de la recherche désintéressée à la manière dont certains artistes, jadis, prônaient l'art pour l'art. Et pour provoquer des réactions, voire peut-être l'indignation de certains, je défendrai même la proposition que tout travail sociologique digne de ce nom est une tentative de réponse à une demande sociale – à condition évidemment de s'entendre sur le sens des mots.

Prenons d'abord la question sous l'angle du rapport aux médias, qui n'en constitue pourtant qu'un aspect. En premier lieu, le puritanisme sociologique tend à mon sens à surestimer l'incompétence ou la mauvaise foi des médias à restituer les informations qu'on leur transmet. Il est certes des situations piégées, des sujets que l'on maîtrise mal ou dont on peut prévoir que l'interprétation qu'on en propose sera mal comprise, et il faut savoir refuser des demandes d'interventions médiatiques. Cela m'est arrivé, car si par exemple une radio périphérique vous propose de prendre parti en 2 minutes sur une grève en cours des pilotes d'Air France, il faudrait être stupide pour ne pas prévoir qu'une réticence que vous pourriez émettre sur cette grève-là, sans pouvoir en expliciter toutes les raisons, risquerait d'être interprétée comme une condamnation de la grève en général. Mais cette démission est la liberté du chercheur, qui est ici absolue : personne n'est obligé d'aller causer à la radio, ni de se montrer à la télévision.

En revanche, celui qui accepte est responsable de son choix et il ne peut se réfugier derrière un discours trop commun de déploration de la perversité médiatique. D'après mon expérience, la majorité des journalistes sont des hommes et des femmes de bonne volonté avec lesquels on peut le plus souvent nouer un rapport de confiance si on s'en donne la peine. En revanche, ils sont pris dans un système de contraintes professionnelles très strictes. En règle générale, ils doivent faire vite et court, ce qui se prête mal à la restitution des méandres de la pensée et de la subtilité des arguments balancés. Mais c'est faire preuve d'un ethnocentrisme puéril de s'indigner de ne pas retrouver dans un papier d'une page les nuances et précisions qu'il faudrait deux cents pages pour expliciter. Il m'est même arrivé de penser qu'un journaliste donnait une forme d'expression plus convaincante et plus accessible à ce que je voulais dire que je n'aurais pu le faire moi-même.

Tout ne peut être contrôlé pour autant, et il existe un risque réel de simplification outrancière, de déformation, voire de trahison du message que l'on voudrait transmettre. Mais mon point de vue – à discuter évidemment – c'est qu'il vaut le plus souvent la peine de courir ce risque après l'avoir pesé, c'est-à-dire avoir jugé qu'il ne représentait qu'un risque de l'ordre de l'aléatoire plutôt que du probable. Cela, à partir de la conviction que le sociologue doit rendre des comptes à l'ensemble de ses concitoyens, et pas seulement à ses institutions officielles de contrôle et à son groupe de pairs. Il faut, certes, faire en sorte que la connaissance sociologique sature les critères les plus rigoureux de l'exercice de la profession. Mais il faut souhaiter aussi – si du moins elle énonce quelque chose qui importe – qu'elle soit connue, discutée et éventuellement reprise dans l'espace public, et la médiatisation est un canal important, parfois nécessaire, pour y parvenir. Évidemment, sauf à être complètement naïf, les reprises – au niveau de l'opinion publique, des « décideurs » ou des responsables politiques par exemple – ne peuvent aller sans les dangers de simplification ou de déformations que j'ai évoqués. Pourtant, ne vaut-il pas mieux les courir que de rester crispé sur une conception de l'objectivité confinée à un cercle de spécialistes, souvent autoproclamés ? C'est la question que je pose. Mais il me semble en tout état de cause préférable qu'un travail rigoureux de recherche contribue à alimenter le débat public, fût-ce au prix de simplifications, voire même de déformations, plutôt que de rester cantonné à la semi-confidentialité des échanges entre initiés. Non pas qu'il prétende changer le monde. Mais peut-être pourra-t-il donner ainsi – dans la mesure du moins où le chercheur pense ce qu'il dit et dit ce qu'il pense – quelques éléments pour aider à l'interpréter.

Je suis tenté d'extrapoler ces remarques sur la médiatisation de la recherche sociologique à la relation plus générale que doit entretenir la sociologie avec la « demande sociale », entendue comme le système d'attentes de la société à l'égard des problèmes quotidiens qui la sollicitent aujourd'hui. Ici aussi, le puritanisme sociologique me paraît l'expression d'un élitisme de mauvais aloi. Sans doute ne faut-il pas épouser comme telles les formulations du sens commun mais les travailler, les déconstruire et les reconstruire, comme on dit toujours. J'en suis d'autant plus convaincu que je n'ai jamais fait que cela. Mais j'insisterai sur la proposition, beaucoup plus sujette à controverses, qu'il faut toujours aussi partir de et revenir à ces demandes communes. Autrement dit, l'objectif principal, ou tout du moins un des objectifs principaux de la sociologie, serait d'essayer de comprendre et de prendre en charge ce qui pose problème aux gens, c'est-à-dire aussi aux non-spécialistes, au *vulgum pecus*. En termes plus recherchés, cela signifie qu'il existe dans toute société sans doute, et dans la nôtre aujourd'hui certainement, ce que l'on pourrait appeler des configurations problématiques, des questions qui s'imposent à l'attention, et pas seulement à l'attention des savants, parce qu'elles perturbent la vie sociale, disloquent le fonctionnement des institutions, menacent d'invalidation des catégories entières de sujets sociaux. Ainsi le chômage de masse, la précarisation des relations de travail, la dégradation des conditions de vie dans certaines banlieues, mais aussi la crise des sociabilités quotidiennes, les dysfonctionnements de l'école, de la famille ou du système de santé, les ratages de la protection sociale, etc. On évoque tous les jours ces situations dans les médias, elles constituent la trame des préoccupations d'une foule de gens qui les vivent le plus souvent sous la forme de l'incompréhension et du désarroi.

J'oserai avancer que la palette de ces « configurations problématiques », problématiques parce que l'on peine à les comprendre, et plus encore à les maîtriser – représente un programme (le programme ?) privilégié de la recherche théorique aussi bien que pratique en sociologie. La demande sociale, entendue en ce sens, c'est la demande que la société, c'est-à-dire les sujets sociaux différemment configurés dans l'espace social, adressent à la sociologie, et c'est le travail des sociologues de tenter d'y répondre. Pour ce faire, il faut sans doute s'éloigner de leur formulation immédiate (les « déconstruire » et les « reconstruire »). Mais elles ne devraient jamais cesser d'être à la fois l'horizon et la finalité de toute recherche sociologique. Je vais jusqu'au bout du raisonnement pour provoquer des réactions : les recherches qui ne seraient pas balisées par cette problématique de la demande sociale devraient certes avoir droit de cité, mais ne devraient pas être qualifiées de recherches sociologiques. La méthodologie pour la méthodologie, l'épistémologie pour l'épistémologie, nombre d'analyses de situations ou d'interactions qui restent purement formelles, ce n'est pas de la sociologie. Je suis tenu à trop de considération pour certains de ceux qui se livrent à ces activités pour, évidemment, contester l'utilité de ces travaux. Je ne prétends pas non plus, encore plus évidemment, que seule la sociologie ait de l'intérêt, ni qu'elle soit une construction complètement autonome. Elle peut donc avoir besoin de ces apports méthodologiques, épistémologiques, et de bien d'autres encore. Mais pour quoi faire ? Pour essayer de comprendre ce qui se passe aujourd'hui. En tant que telle, la sociologie est un travail de prise en charge des questions sociales qui nous sollicitent *hic et nunc* et dont la demande sociale est l'expression plus ou moins spontanée, plus ou moins confuse, plus ou moins masquée. Il faut donc mobiliser les ressources de notre discipline pour la décrypter. La demande sociale n'est pas seulement exprimée par les groupes dominants, elle est aussi tapie dans les souffrances de ceux qui pâtissent sans avoir les moyens de comprendre pourquoi « ça cloche ». La demande sociale n'est pas non plus seulement la commande sociale qu'adressent les mandataires officiels préposés aux questions de société, il faut aussi savoir la lire à travers les révoltes sans paroles et le désarroi de ceux qui sont condamnés à vivre comme un destin ce qui leur arrive, alors qu'il y a bien à cela quelques raisons dont la sociologie a quelque chose à dire.

Cette approche d'une sociologie critique refuse la représentation unidimensionnelle, c'est-à-dire purement empiriste de la réalité sociale, selon laquelle n'existerait que ce que l'on peut observer au premier degré. Mais si cette réalité sociale est traversée de conflits et de contradictions, il y a toujours au moins deux lectures des enjeux en fonction de la position qu'occupent les protagonistes. Ainsi, le choix du point de vue généralement occulté par les idéologies dominantes peut être, s'il est tenu avec rigueur, payant pour la connaissance sociologique. Par exemple, c'est bien un point de vue critique sur l'hôpital psychiatrique ou sur la prison qui a contribué à fonder une sociologie de ces institutions, tandis que le discours des professionnels et des administrateurs se contentait le plus souvent de répéter les justifications officielles qui leur donnaient le beau rôle. Mais nous pensions – je dis nous, car j'ai travaillé dans le cadre de cette mouvance, je ne le regrette pas aujourd'hui – qu'il y avait une contradiction, qu'il fallait rendre manifeste, entre cette autocélébration des vertus du progrès et du savoir scientifique et le traitement quasi moyenâgeux réservé dans ces institutions à certains des citoyens d'une société démocratique. Cette posture a produit une plus-value de savoir « objectif ». Les tenants d'un objectivisme pur et dur ne manqueront certes pas de tenter de disqualifier cette attitude en disant qu'elle est fondée sur un parti pris. Mais si parti pris il y a, il fait contrepoids à un autre parti pris, celui du discours « neutre » de l'objectivisme qui prend pour acquis les situations acquises et ce faisant les cautionne. J'en appelle ici au témoignage d'Erving Goffman [1968], sociologue qui n'avait certes rien de gauchiste : « Décrire fidèlement la situation du malade, c'est nécessairement en proposer une vue partiale. Pour ma défense, je dirai qu'en cédant à cette partialité on rétablit au moins l'équilibre, puisque presque tous les ouvrages spécialisés relatifs aux malades mentaux présentent le point de vue du psychiatre qui est, socialement parlant, totalement opposé. » (*Asiles*, « Préface ».)

Avec un tel patronage, j'ai peut-être quelques excuses d'avoir persisté dans cette attitude, que d'aucuns, postmodernisme oblige, ne manqueront pas de juger ringarde. J'ai ainsi dédié mon dernier ouvrage, *Les Métamorphoses de la question sociale* [Castel, 1999], « à celles et ceux auxquels, hier comme aujourd'hui, un avenir meilleur a été refusé ». J'espère que ce parti pris a pu produire certains effets qui relèvent de la sociologie (si ce n'est de la sociologie du travail, du moins de la sociologie du sens que les hommes et les femmes attachent au travail). Mais en tout état de cause il y aura toujours assez de monde pour célébrer les vertus du management et de l'adhésion inconditionnelle à l'esprit d'entreprise. Je souhaite seulement que ce ne soit pas la totalité des sociologues qui désormais se livreront à ces exercices à coup sûr *up-to-date*.

Pour en revenir à la demande sociale, ce jeune paumé qui galère ou ce chômeur mis à la porte après 20 ans de bons et loyaux services alors que son entreprise est florissante n'expriment sans doute pas une « demande » précise, et il est possible que j'élargisse quelque peu le sens habituellement reçu de cette expression. Disons alors que – bien que je n'aime pas beaucoup ce mot – ils nous interpellent, et que si la sociologie a un sens, c'est bien aussi de contribuer à comprendre des situations de ce type. C'est du moins ainsi que j'entends le précepte de quelqu'un à qui, comme à Goffman, il est difficile de dénier la qualité de sociologue puisqu'il s'agit d'Émile Durkheim [1986] : « Nous estimons que nos recherches ne méritent pas une heure de peine si elles ne devaient avoir qu'un intérêt spéculatif. » (*De la division du travail social*, « Préface ».) Car Durkheim n'était pas obscurantiste au point de mépriser la spéculation, ni assez naïf pour croire que la connaissance sociologique suffit pour résoudre les problèmes de la pratique. Mais il pensait, je crois, que nos spéculations n'ont d'autre justification que de prendre en charge ces problèmes qui sont la trame de la vie des sujets sociaux pour essayer de les rendre plus intelligibles et éventuellement pour éclairer les « décideurs » comme on dit aujourd'hui – quitte à ce que l'instrumentalisation pratique de ce savoir empreinte bien des médiations fort complexes, et échappe le plus souvent au contrôle du sociologue lui-même.

Pour s'en tenir à la demande sociale dans la perspective élargie sous laquelle je l'ai envisagée, elle apparaît bien comme le terreau du questionnement qui alimente la sociologie, d'où elle doit partir, et où elle doit revenir. Car d'où la sociologie tirerait-elle les questions qu'elle se pose, si ce n'est de la société ? On pourrait même sans doute préciser : de l'état de la société aujourd'hui. En effet, tenter de comprendre les questions qui se posaient à la Renaissance, ou même à la Belle Époque, cela s'appelle faire de l'histoire. Tous ces acteurs-là sont morts, ils n'ont plus de demandes. En revanche, tenter de comprendre les demandes d'aujourd'hui, ce n'est pas s'en tenir au contemporain. Pour mon compte, on ne pourra pas m'accuser de n'avoir pas pris de détours par rapport à l'actualité, puisque j'ai cru devoir remonter jusqu'au XIVe siècle au moins pour voir se nouer les fils de la question sociale contemporaine. Mais c'était avec la conviction que les analyses empiristes, c'est-à-dire aussi instantanéistes du présent, qui constituent une bonne part de la production sociologique, sont réductrices par rapport à ce qui est en question lorsque l'on s'adresse à la sociologie. Réductrices, c'est-à-dire aveugles à l'épaisseur des demandes sociales contemporaines. Il ne faudrait pas surplomber ces demandes au nom d'un savoir tombé d'on ne sait où, ni les mépriser au nom d'une conception formaliste ou quantitativiste de la rigueur scientifique, mais plutôt s'y enfoncer, les travailler de l'intérieur avec les outils que peuvent procurer la discipline et les disciplines voisines (je pense en particulier à l'histoire, mais on peut aussi bien recourir à l'anthropologie). On peut alors dégager derrière la demande des strates de significations et des étapes de constitution dont l'articulation produit la configuration actuelle d'un problème. On en revient ainsi à ce dont on était parti, d'une demande à une demande, mais entre-temps on aura, sinon trouvé la réponse, du moins dégagé quelques-uns des principaux paramètres qui structurent la demande telle qu'elle se formule aujourd'hui. De sorte qu'à la limite, on pourrait concevoir la sociologie non point comme un discours unique ou total sur la société, mais comme l'ensemble des tentatives pour élucider les différentes configurations problématiques, ou demandes sociales, qui coexistent aujourd'hui dans notre société.

Est-ce cela « l'engagement » du sociologue ? Le mot certes a vieilli, comme celui de « lutte idéologique », que l'on employait jadis. Cependant, c'est bien de quelque chose de ce type qu'il s'agit. Si l'on récuse le mythe de l'objectivité absolue qui postule qu'il n'y a qu'un discours (donc total et totalitaire) sur la réalité sociale, il faut convenir qu'il y a des points de vue sur cette réalité. Et convenir aussi que l'on ne peut justifier un point de vue intégralement à partir d'un système de raisons. Par exemple, le noyau axiologique de l'ultra-libéralisme n'est pas à strictement parler réfutable, car la position de celui qui décide que la poursuite des richesses est l'impératif catégorique auquel toute la vie sociale doit se plier, ne peut être combattue seulement par des raisons. À l'inverse, défendre comme je le fais la nécessité d'attacher des protections au travail, ou défendre un État social fort, n'est pas non plus entièrement déductible d'un système de raisons. C'est l'implication logique d'un jugement de valeur posant que le maintien de la cohésion sociale, ou d'une solidarité « organique » entre tous les membres d'une société, sont des finalités de l'existence humaine supérieures à la maximisation de la productivité à n'importe quel prix. En prenant ces positions, je suis donc parfaitement conscient d'occuper une position « partisane », et de m'inscrire dans le cadre d'une « lutte idéologique », et c'est bien à cela que je sers dans les débats actuels sur la place et l'avenir du travail. Mais cela ne me dérange pas, au contraire, à condition que le fait d'appartenir à un camp n'exclût pas mais affine le souci de rigueur, rigueur pour établir un diagnostic aussi précis que possible sur la situation actuelle, en intégrant tous les paramètres qui la constituent, et rigueur pour tirer et confronter toutes les implications du choix de l'une ou l'autre des options « idéologiques » en concurrence. Ainsi mon parti pris, s'il n'est pas intégralement démontrable, est-il argumentable du point de vue de l'objectivité et défendable en tant que choix de société. Peut-on demander autre chose à un sociologue, à moins d'exiger de lui qu'il soit en situation d'extraterritorailité totale par rapport à la demande sociale, c'est-à-dire, en fait, de lui demander d'oublier qu'il est aussi un sujet social ?

## Références bibliographiques

CASTEL R., *Les Métamorphoses de la question sociale : une chronique du salariat*, Gallimard, Paris, 1999.

DURKHEIM É., *De la division du travail social*, PUF, Paris, 1986.

GOFFMAN E., *Asiles : études sur la condition sociale des malades mentaux*, Minuit, Paris, 1968.

4

# Pour un calme examen des faits de société

*Louis Quéré*

On peut imaginer les différents contextes dans lesquels la question : « À quoi sert la sociologie ? » peut être posée. Cette question n'aura pas la même signification d'un contexte à l'autre. Elle appellera tantôt une description, tantôt une explication, tantôt une justification, tantôt une profession de foi. Cependant, quel que soit le contexte, elle exprimera souvent un doute, une perplexité, un scepticisme. Voilà en effet une discipline dont le statut est loin d'être assuré, que ce soit le statut scientifique – on rencontre régulièrement des chercheurs en « sciences dures » qui ouvrent de grands yeux quand ils se rendent compte que des sociologues cohabitent avec eux dans les grandes institutions nationales de la recherche scientifique –, ou le statut social – au moins pour les « vraies » sciences on ne doute pas qu'elles méritent d'être soutenues par l'effort collectif de la nation, car on sait, du moins *grosso modo*, à quoi elles servent (au progrès technique, à la santé publique, à la maîtrise de la nature, à la sécurité et à la prospérité de tous, etc.). Et du doute au procès, le pas est vite franchi. D'aucuns s'en prendront volontiers au caractère exorbitant des prétentions élevées par les sociologues lorsqu'ils se disent capables de révéler le secret de fabrication de la société. D'autres dénonceront plutôt le caractère réductionniste des explications sociologiques : « Vous croyez avoir percé les secrets du monde social, mais vos présupposés réalistes vous empêchent de saisir la teneur proprement symbolique du lien social. »

Que la discipline soit ainsi soumise au doute, voire mise en procès, n'est peut-être pas un mal. C'est d'abord une stimulation non négligeable pour soumettre davantage l'enquête sociologique aux exigences de la méthode scientifique. Mais c'est aussi un rappel du statut ambigu du projet d'une connaissance scientifique de la réalité sociale dans une société démocratique. Un tel projet, on le sait, est indissociable de l'émergence historique d'une figure déterminée du politique, et à travers lui, d'un mode inédit d'institution de l'espace social : en même temps qu'elles doivent chercher et trouver en elles-mêmes les réponses aux questions de leur raison d'être et de leur finalité, les sociétés modernes cherchent à maîtriser les processus de leur propre constitution, entre autres *via* la connaissance qu'elles acquièrent d'elles-mêmes, de leur organisation et de leur fonctionnement. Mais d'un autre côté, ce questionnement et cette exploration de soi ne peuvent jamais se clore, car personne ne peut prétendre savoir ce qu'il en est, en dernier ressort, de la constitution du monde social, sous peine de mettre fin à l'« interrogation démocratique » ; toute réponse est, par principe, soumise à la discussion et à la confrontation des opinions. Seul un régime totalitaire peut prétendre avoir élucidé une fois pour toutes le mystère de l'institution et de l'organisation de l'espace social.

Cependant, les réactions sceptiques ou critiques que suscite souvent la recherche sociologique révèlent d'autres dimensions qui méritent l'attention. J'en relèverai deux. La première est qu'une partie de cette perplexité est due au fait que le questionnement sociologique est souvent en porte-à-faux par rapport au questionnement social. D'une certaine façon, on attend de la sociologie qu'elle se coule dans le moule de l'enquête sociale, qu'elle partage ses préoccupations et son orientation pragmatique, qu'elle adopte ses procédures, qu'elle se règle directement sur le travail de problématisation que la société effectue en permanence sur elle-même. Toute prise de distance par rapport à l'enquête sociale décevra donc cette attente de base et demandera à être justifiée. Or, si elle a sa place dans l'enquête sociale, la sociologie est aussi en droit de revendiquer, en tant que discipline scientifique, une totale autonomie de ses problématiques, de ses conceptualisations et de ses méthodes d'enquête, voire d'entreprendre des recherches qui, à première vue, « ne servent à rien ». La seconde dimension est une conséquence de ce premier phénomène : on attend du questionnement et de l'enquête sociologiques qu'ils aient une pertinence sociale immédiatement accessible et qu'ils fassent sens pour tout un chacun. D'une certaine façon, la sociologie intervient dans un domaine de recherche pour lequel tout un chacun se sent en droit de dire si les questions posées sont intelligibles, pertinentes, valides ou pas, et si les résultats obtenus sont intéressants, sensés, éclairants, etc. C'est une expérience qui nous arrive relativement souvent, en tant que chercheurs, et qui peut s'avérer une véritable épreuve : nous sommes constamment amenés à expliquer sur quoi nous travaillons, et donc à faire voir l'intérêt et la pertinence de nos recherches. Or cet intérêt et cette pertinence doivent généralement être définis en fonction de l'arrière-plan des champs problématiques établis par l'enquête sociale, et tenus, par quiconque, pour importants, pertinents, dotés de sens, utiles, etc. De ce point de vue, la sociologie est une discipline qui se trouve devoir rendre des comptes, dans le langage ordinaire, à un public très large, celui de tous ceux qui sont susceptibles d'être intéressés et concernés par les problèmes de leur société à un moment donné.

Je ne plaide pas pour que la sociologie soit soustraite à ce genre d'attente et isolée de l'enquête sociale. Au contraire, cette enquête sociale, essentielle pour l'organisation d'un public capable d'assurer une régulation normative des « conditions de l'association sociale », a tout à gagner à se plier aux procédures de la méthode scientifique. Mais cette enquête sociale est quand même relativement sélective. Seuls certains aspects des phénomènes sociaux sont susceptibles d'y être problématisés ; la gamme des dimensions qui retiennent l'attention est limitée ; il y a des questions qui ne peuvent pas émerger, alors qu'elles sont cruciales pour la compréhension de la structuration du monde social. Il revient donc à l'enquête sociologique de les thématiser. Le fait de poser des questions socialement non pertinentes et la façon de les examiner pourront susciter perplexité et scepticisme. Mais si l'on veut élargir ou approfondir la compréhension que l'on a du monde social, il importe que le questionnement qui permet d'y accéder ne soit pas défini en fonction des seuls critères d'intelligibilité, d'intérêt et de pertinence en vigueur dans la société.

Dans ce qui suit, je voudrais cerner quelques aspects de cette sélectivité de l'enquête sociale. Je présenterai d'abord ce qui me paraît être la dynamique de cette enquête. Dans une seconde étape, je tenterai de pointer quelques dimensions de la vie sociale qui échappent au format de cette enquête et de proposer une posture pour les examiner.

## L'enquête sociale comme fait de société

On rappelle souvent que la sociologie est une science historique, qu'elle travaille sur des situations, des événements ou des conjonctures singuliers, sur lesquels elle émet des propositions qui ont pour propriété d'être indexées sur le contexte sociohistorique dans lequel elles sont énoncées [Passeron, 1991]. Une autre manière de rendre compte de ce caractère historique du travail sociologique est de l'appréhender dans la dynamique de l'enquête sociale à laquelle il participe. Par enquête sociale, j'entends le travail d'exploration, de problématisation et d'observation qui est déployé dans le type de société auquel nous appartenons pour « socialiser les surprises » créées par les événements et par les situations qu'ils révèlent [Luhmann, 1990, p. 32], pour identifier les conséquences indirectes et étendues des initiatives et des activités sociales sur les « conditions de l'association sociale » [Dewey, 1927], pour transformer des situations sociales confuses, troubles, contradictoires ou conflictuelles, posant des problèmes de définition et d'organisation des conduites à tenir, en des situations suffisamment déterminées et unifiées pour être résolues [Dewey, 1993]. La modification de ces situations problématiques implique d'agir sur leurs conditions environnantes, de réduire les tensions, de contrecarrer les facteurs négatifs et de faire apparaître des potentiels de résolution. Un gros effort de connaissance est donc requis.

Cette enquête sociale est largement subordonnée à des fins pratiques. Comme le soulignait Dewey [1993, p. 601-602], « la connexion de l'enquête sociale [...] avec la pratique est intrinsèque, et non extrinsèque ». D'abord, les problèmes auxquels elle s'attèle sortent des conditions sociales réelles ou « pratiques » : ils naissent de tensions, de déséquilibres, de « troubles » sociaux réels. Ensuite, c'est normalement en référence à une ou des solutions possibles qu'un problème est énoncé : celui-ci n'est vraiment défini que quand la manière de le résoudre a été entrevue. Comme cette solution dépend d'habitudes d'action et de modes d'intervention disponibles, la définition d'un problème est directement indexée sur un environnement pratique de moyens, de dispositifs et de procédures institués. Enfin, l'enquête sociale est en grande partie orientée vers l'organisation de l'action collective (quelles qu'en soient les formes et les supports) destinée à traiter les situations problématiques : ce traitement constitue, en définitive, le but qui contrôle les opérations de l'enquête. De ce point de vue, elle implique nécessairement des jugements d'évaluation sur ce qu'il convient de faire ou de ne pas faire. Mais les critères sur lesquels se règlent ces jugements ne sont pas extérieurs à l'enquête. De nature hypothétique, ils sont déterminés par l'enquête elle-même : « L'enquête sociale doit juger certaines conséquences objectives comme étant la fin qui *vaut la peine* d'être atteinte dans les conditions données. Mais [...] cette affirmation ne signifie pas ce qu'on dit souvent qu'elle signifie : à savoir qu'on peut assumer les fins et les valeurs en dehors de l'enquête scientifique, de sorte que cette dernière en est alors réduite à déterminer les moyens les mieux calculés pour arriver à la réalisation de ces valeurs. Tout au contraire, elle signifie que les fins, dans leur capacité de valeurs, ne peuvent être validement déterminées que sur la base des tensions, des obstacles et des potentialités positives dont on découvre, par observation contrôlée, qu'elles existent dans la situation réelle. » [Dewey, 1993, p. 606.]

On peut dire de cette enquête sociale qu'elle est socialement distribuée : plusieurs catégories d'acteurs y participent, allant des militants, des associations aux journalistes et aux hommes politiques, en passant par toutes sortes d'organisations (syndicats, partis politiques, etc.). Seule une partie de cette enquête – celle qui échoit aux sciences sociales – se plie aux exigences de la méthode scientifique : travail d'analyse pour définir un problème et en déterminer la nature ; établissement des faits servant à délimiter le problème et à indiquer une solution possible ; définition des méthodes d'observation permettant de disposer des données servant à éprouver les hypothèses ; sélection des conceptions et des idées appropriées ; observation analytique contrôlée, etc. Cette « scientifisation » oblige à mettre en cause un certain nombre de suppositions communes de l'enquête ordinaire : que les problèmes sont définis antérieurement à l'enquête ; que l'observation brute suffit pour saisir leur nature ; que les problèmes sociaux sont à poser en termes moraux ; qu'il faut éliminer les jugements et les procédés d'évaluation pour que les conclusions de l'enquête soient véritablement fondées sur les faits ; que les caractéristiques des phénomènes peuvent être établies sur la base de généralisations conceptuelles, de théories générales ou de définitions purement nominales, plutôt que dérivées de l'examen attentif de faits observables et vérifiables, etc.

Il n'y a rien qui exige que l'enquête sociale soit soumise aux principes de la méthode scientifique. Cependant on peut penser que cette enquête a d'autant plus de chances d'atteindre son but – résoudre des situations problématiques en réduisant leur indétermination et leur éclatement – qu'elle se plie davantage aux contraintes de l'observation analytique contrôlée. En effet, ce qui fait problème dans la société est en général d'abord éprouvé sous la forme d'émotions et de sentiments, sur un arrière-plan d'attentes de « normalité », ainsi que de sensibilités, d'habitudes et d'attitudes déterminées. L'expression privilégiée de ces affects sociaux est l'indignation morale, à laquelle est associé un comportement paradigmatique, la dénonciation publique. Mais pour être traités de manière appropriée, les événements et les situations qui posent problème doivent être convertis en des problèmes définis. Ce qui exige de passer du sentiment à la perception, de l'interprétation en termes moraux à la formulation intellectuelle du problème à traiter. Plus cette « intellectualisation » est éprouvée et garantie par une analyse contrôlée, plus elle a des chances de contribuer à bien déterminer la situation problématique et à lui trouver une solution appropriée. Seule une enquête sociale bien armée peut fournir les connaissances qui rendent possibles les jugements publics sur ce qui est et sur ce qu'il convient de faire [Dewey, 1927, p. 348].

Cependant une telle « intellectualisation » ne consiste pas simplement à appliquer la méthode scientifique en son sens étroit. Elle consiste aussi à promouvoir le mode d'enquête qui prévaut dans un milieu scientifique : normalement, l'enquête y est libre ; elle se donne à elle-même ses objets en fonction de champs problématiques constitués ou à constituer, et ses résultats sont communiqués, diffusés, discutés, soumis au jugement et à la critique des membres de la communauté. En un sens, l'enquête ne produit de connaissances que pour autant que ses résultats sont communiqués et discutés : il n'y a de véritable connaissance des phénomènes que lorsqu'ils font l'objet d'un savoir partagé. Cependant, dans l'enquête sociale, ce partage s'étend au-delà de la communauté des chercheurs. Dans une société démocratique, tout citoyen est en droit de prendre part à cette enquête. J. Dewey, dans *The public and its problems*, a soutenu qu'un public ne pouvait émerger et s'organiser à partir du sentiment qu'éprouvent ses membres d'être affectés par les conséquences indirectes d'initiatives ou d'activités sociales auxquelles ils n'ont pas eu part directement, que si une « intellectualisation » du trouble et de l'affect éprouvés avait lieu à travers une enquête libre et publique, problématisant l'expérience de ces conséquences et cherchant à identifier les conditions qui les engendrent pour les canaliser et les contrôler. De ce point de vue, l'enquête sociale n'est pas tant destinée à éclairer les gouvernants ou à conseiller le prince qu'à soutenir l'identification et l'organisation d'un public capable de veiller aux « conditions de l'association sociale » : « Le besoin essentiel est d'améliorer les méthodes et les conditions du débat, de la discussion et de la persuasion. Tel est *le* problème du public. [...] Cette amélioration dépend essentiellement d'une libération et d'un perfectionnement des processus de l'enquête et de la diffusion de ses conclusions. [...] Il n'est pas nécessaire que tout le monde ait le savoir et l'habileté nécessaires pour réaliser les investigations requises ; ce qu'il faut c'est que tout le monde soit capable de juger la portée du savoir fourni par d'autres sur des problèmes d'intérêt commun. » [Dewey, 1927, p. 364.]

Il serait cependant abusif de considérer l'enquête sociale comme entièrement orientée vers la résolution de problèmes posés par des situations sociales confuses et conflictuelles. Il ne s'agit sans doute là que d'une des modalités de son inscription sociale. Il en est une autre que je veux relever schématiquement. Elle consiste à fixer les croyances sur ce qui est et sur ce qui arrive, c'est-à-dire à engendrer au sujet des situations et des événements un état d'assurance suffisamment établi pour pouvoir servir de point d'appui pour agir, penser, raisonner, d'une façon déterminée (ces croyances, qui sont alors, selon l'expression de Peirce, des « habitudes pour l'action » peuvent être révisées dans une enquête ultérieure). Ce faisant, l'enquête sociale contribue à individualiser et à socialiser ces situations et ces événements. C'est en partie ce qu'effectuent les descriptions, les explications et les interprétations proposées au jour le jour par les chercheurs en sciences sociales sur différents phénomènes sociaux. Ces productions ne sont pas aussi extérieures au monde social qu'elles le prétendent parfois : elles participent directement aux dispositifs d'institution et de maintien d'un sens commun dans l'espace social.

Les procédures de cette fixation des croyances par l'enquête sociale sont nombreuses et complexes. Je ne peux en donner ici qu'un tout petit aperçu. Pensons par exemple au genre d'analyse que proposent les sociologues lorsqu'un événement social de quelque importance se produit. Ils le comparent à des événements similaires du passé, reconstituent le contexte de causes et de motifs qui ont pu le provoquer, identifient les acteurs qui se sont mobilisés, les situent socialement et leur attribuent des raisons d'agir, des stratégies, des logiques d'action ; ils montrent aussi comment ces motivations sont issues de changements de la situation, ou ont été provoqués par le comportement d'autres acteurs sociaux. Ils inscrivent enfin l'événement dans un champ problématique où il trouve sa signification, ou bien ils le rapportent à une intrigue dans laquelle il représente une nouvelle péripétie, un changement de fortune, voire un dénouement, etc. À travers tout ce travail de description et d'explication, d'interprétation et de problématisation, l'événement-surprise est non seulement normalisé (au sens où il apparaît désormais comme « normal », vu le contexte auquel il est adossé ou le champ problématique dont il relève), mais aussi socialisé : d'une part, il devient un événement dans un monde social déterminé ; d'autre part, son individualité a pour trame un ensemble défini de croyances et de valeurs sociales, d'attitudes et de sensibilités, d'us et de coutumes, d'habitudes d'action et de pensée étayées sur des instruments, des dispositifs techniques et organisationnels, des institutions, etc. On pourrait reprendre à ce sujet ce que G. H. Mead disait de la constitution de l'objet physique : celui-ci est doté d'un « inside » à travers l'épreuve que font des agents humains de sa capacité de résister aux pressions qu'ils exercent sur lui, de réagir, d'agir sur eux, de les affecter, de solliciter leurs attitudes et leurs réponses [Mead, 1997]. Mais cette capacité est entièrement définie en fonction de la structure de l'organisme qui se confronte à l'objet, donc de ses sensibilités, de ses capacités et de ses habitudes d'action, des opérations et des manipulations qu'il effectue, des outils et des instruments techniques dont il dispose, des habiletés et du savoir-faire qui sont les siens, etc. D'une certaine façon l'enquête sociale sur les événements, les situations et les conjonctures produit un résultat du même genre : non seulement elle les inscrit dans un monde social déterminé, elle configure aussi leur individualité en fonction d'un contexte sociohistorique donné. Ce faisant, elle fait plus que situer l'événement dans un environnement social ou incorporer le second dans le premier : elle configure aussi cet environnement, le fait exister comme corrélat des événements et des situations qu'elle individualise.

Ce tableau très schématique fait apparaître l'enquête sociale comme participant activement à la dynamique de structuration du monde social, et y jouant un rôle fonctionnel. On pourrait encore y ajouter quelques touches – une touche plus herméneutique par exemple, qui ferait ressortir la contribution de l'enquête sociale à la compréhension de soi individuelle et collective, et par là, à la détermination de l'identité et à la formation de capacités d'action. Mais mon souci n'est pas de composer un tableau complet de l'enquête sociale. Il est plutôt de faire apparaître la sélectivité qui la caractérise. Cette sélectivité est une sélectivité de l'attention et du questionnement, de l'observation et de la description, bref une sélectivité de la problématisation. Elle n'est pas seulement due à l'orientation pragmatique de l'enquête ; elle tient aussi aux structures d'*accountability* du monde social qu'elle utilise [Garfinkel, 1967]. Je veux dire par là que le travail de problématisation effectué par l'enquête sociale est à la fois orienté et contraint par un ensemble de schèmes et de formats qui structurent l'attention portée aux phénomènes, ainsi que les questions que l'on peut poser à leur sujet et la description que l'on peut en faire.

## La sélectivité de l'enquête sociale

Qu'est-ce qui structure la problématisation des situations et des événements dans l'enquête sociale ? Pour le découvrir, on peut se tourner vers les manières habituelles de faire lorsqu'il s'agit de rendre compte d'une action, d'expliquer un événement ou de configurer un problème public. Dans le premier cas, l'enquête sociale utilise les ressources de la sémantique naturelle de l'action, dans le deuxième les schèmes de la normalisation des événements, et dans le troisième les procédures et les référentiels de la publicisation des problèmes sociaux. Ici aussi je ne peux donner qu'un bref aperçu.

Une partie importante de nos pratiques ne retient jamais l'attention parce qu'elle va de soi. Elle échappe donc régulièrement à la thématisation. On peut même identifier assez précisément ce qui n'est pas problématisé : essentiellement les opérations tacites d'organisation et leurs méthodes, les modalités du jugement en situation, les procédures du raisonnement pratique et l'infrastructure de capacités, d'habitudes et de savoir-faire qui les sous-tend. Comment expliquer cette sélectivité de l'observation et de la description des pratiques ? Essentiellement par la structure de l'*accountability*. En effet, les actions sont appréhendées sous certains aspects plutôt que sous d'autres (par exemple, comme des totalités signifiantes plutôt que comme des séquences de mouvements atomiques) ; leur observation, leur identification, leur description et leur justification sont organisées selon des schèmes déterminés, et l'enquête visant à les individualiser est guidée par des formats institués de problématisation. Ainsi dès qu'il s'agit de rendre compte de ce que nous faisons ou voyons les autres faire, nous avons à notre disposition les ressources de la sémantique naturelle de l'action. Celle-ci nous fournit à la fois un mode de problématisation de ce que font les gens et un réseau conceptuel pour articuler des réponses à des questions bien définies. *Grosso modo*, on rend compte de l'action en identifiant ce qui a été fait sous une description déterminée, en le rapportant à un sujet intentionnel auquel on attribue des intentions, des motifs et des raisons d'agir, et en montrant comment ceux-ci sont liés à une situation ou à un contexte déterminé. Cette sémantique naturelle fournit donc une grille immédiate de thématisation et d'enquête. Ainsi, s'il y a quelque chose à découvrir au sujet d'une action déterminée, la recherche se fera essentiellement en termes de : qui a fait quoi, avec quelle intention, en vue de quoi et pour quelles raisons, dans quelles circonstances ? En revanche, toute une série d'autres aspects échapperont à la problématisation. Ainsi, si vous demandez à quelqu'un de vous rendre compte de ce qui s'est passé dans une conversation, il ne lui viendra pas spontanément à l'esprit de prêter attention aux opérations à travers lesquelles les interlocuteurs ont organisé séquentiellement leurs échanges, aux procédures qu'ils ont employées et au savoir-faire qu'ils ont mis en œuvre. Bref, vous n'obtiendrez pas spontanément une description opérationnelle de la conversation. En revanche, la personne pourra expliciter à volonté ce que lui ou son interlocuteur a voulu dire ou faire, formuler les raisons pour lesquelles il a dit ou fait telle et telle choses, ou encore expliquer pourquoi telle péripétie a eu lieu, quelles conséquences elle a eue, dans quel contexte elle s'est produite, etc.

Pourquoi une description opérationnelle est-elle si peu disponible ? Ce n'est évidemment pas une question de choix délibéré. Une des explications possibles consiste à dire que l'*accountability* des actions est structurée de telle façon que les descriptions purement opérationnelles ne trouvent pas spontanément place dans les jeux de langage auxquels nous nous livrons sur nos actions réciproques (sauf dans des circonstances très spécifiques, celles de l'apprentissage par exemple) [1]. Une autre expli-

---

1. Sur cette question, je partagerais assez volontiers le point de vue de Luhmann [1995, p. xliii] : « Actions are not ultimate ontological givens that emerge as unavoidable empirical elements that force themselves upon one in every sociological analysis. [...] Actions are artifacts of processes of attribution, the results of observing observers [...], which emerge when a system operates recursively on the level of second-order observation. The action theory preferred by contemporary sociologists is sustained by the *corpus mysticum* of the subject. It is also sustained by the empirical plausibility, the daily visibility of self-inspired actions by human beings. But conceptually as well as empirically these are superficial "frames". Progress in the development of sociological theory [...] depends on

cation serait que nous manquons d'un vocabulaire approprié pour articuler aussi bien les opérations tacites effectuées, que les habitudes et les capacités qui les sous-tendent, alors que nous disposons de concepts et de significations instituées pour nommer, désigner, expliquer, justifier les actions accomplies, et en faire sens. Ces concepts et ces significations font d'ailleurs partie des pratiques elles-mêmes ; ils sont appris avec elles et servent à les articuler discursivement et, pour certaines d'entre elles, à les accomplir. En ce sens, la description symbolique prévaut inévitablement sur la description opérationnelle, et il faut adopter une attitude spéciale vis-à-vis de l'action pour que la seconde acquière quelque pertinence.

On obtient ainsi un premier éclairage sur la sélectivité de l'enquête sociale, lorsque celle-ci se laisse guider par les ressources du langage ordinaire et par les schèmes sociaux de l'*accountability*. L'analyse, déjà évoquée ci-dessus, de la façon dont les événements sont individualisés et socialisés fournit un éclairage similaire. D'un côté, leur identification passe par leur normalisation, et celle-ci représente un forme définie de problématisation : prévalent la mise en intrigue, la comparaison à des événements similaires, la reconstruction d'enchaînements de causes et d'effets, la reconstitution de séquences de motivations, de décisions et d'actes, l'insertion dans des champs problématiques, etc. De l'autre, dans la mesure où les événements importent par leurs conséquences, une préoccupation permanente de l'enquête sociale est d'identifier ces conséquences, de les rapporter à des initiatives sociales, de désigner des coupables et des victimes, de déterminer des responsabilités, soit pour blâmer, pour sanctionner, pour faire valoir des droits et des devoirs, pour faire réparer des offenses ou des dommages, soit pour envisager des façons de contrôler les conditions qui produisent des conséquences néfastes pour le bien ou le bien-être commun.

---

*implausible certainties*, which must be secured through protracted, conceptually controlled, theoretical work. »

Un troisième éclairage sur la sélectivité de l'enquête sociale peut être trouvé du côté de la construction des problèmes publics. C'est une autre forme de problématisation, elle aussi socialement instituée, qui prévaut dans le cas de ces derniers : il s'agit de faire apparaître le caractère problématique, et donc inacceptable, de certains événements ou de certaines situations au regard de valeurs et de principes (celui de la justice par exemple) tenus pour des référents ultimes dans l'organisation de la coexistence dans une société démocratique, de découvrir les voies et les moyens de leur transformation possible, d'ouvrir des perspectives pour des actions publiques susceptibles d'y remédier, d'attribuer la responsabilité des actions à entreprendre à tel ou tel acteur social ou à telle ou telle instance publique de décision et d'intervention.

La brève évocation de ces trois cas permet de se faire une idée un peu plus précise de la sélectivité de l'enquête sociale et de la subordination de celle-ci aux structures d'*accountability* disponibles dans le monde social. Ces structures ne sont pas des choses qui se rajoutent aux phénomènes sociaux : elles en font partie, entre autres en tant que méthodes internes d'organisation et d'individualisation. Ainsi les actions et les événements ne seraient plus ce qu'ils sont pour nous si leur étaient associés des formats d'observation, de description et d'explication différents. Mais mon propos n'est pas tant de faire apparaître cette sélectivité de l'enquête sociale que de soulever le problème qu'elle pose pour la sociologie. En effet, ce sont souvent les structures de l'*accountability* sociale qui sont à l'origine du questionnement sociologique et qui sont utilisées par les explications sociologiques. On comprend que, du fait qu'elle est partie prenante de l'enquête sociale, la sociologie coule ses préoccupations et ses interrogations, ses observations et ses analyses, dans le moule de ces structures, actualise les schèmes de problématisation qu'elles fournissent, adopte les perspectives qu'elles organisent et ne s'inquiète pas des points aveugles qu'elles comportent. S'il n'est pas dans mes intentions de nier la légitimité d'un tel engagement de la sociologie dans l'enquête sociale – c'est un domaine où elle peut tout à fait faire œuvre scientifique –, je trouve par contre insatisfaisant qu'elle ne cherche pas à conquérir une plus grande autonomie de son mode de problématisation. Car une telle autonomie fait partie des conditions de la scientificité d'une discipline. De ce point de vue, il ne suffit pas de dire que c'est à l'enquête elle-même d'instituer ses problèmes ; il importe aussi qu'elle façonne et contrôle ses formats de problématisation, plutôt que de simplement les emprunter à son domaine d'objet.

Comment y parvenir ? La première idée qui vient à l'esprit est que la sociologie devrait adopter une posture objectivante vis-à-vis des structures d'*accountability* disponibles dans le monde social et chercher à les thématiser plutôt que de simplement les utiliser comme ressources. Mais un tel changement de posture n'est pas aussi simple à réaliser que cela en a l'air à première vue. Car cela suppose de rendre observable et descriptible ce qui ne l'est pas « naturellement ». De plus, nous avons vu que l'observabilité et la descriptibilité ne sont pas des phénomènes immédiats, qu'elles dépendent d'une certaine structuration de l'attention et de la perception, qu'elles sont liées aux jeux de langage auxquels nous nous livrons quotidiennement et qu'elles requièrent de disposer aussi bien de significations instituées que d'outils d'observation et de description appropriés (des vocabulaires pour rendre compte des opérations et du savoir-faire en particulier). Si l'on peut souhaiter que la sociologie consacre à l'avenir une plus grande partie de ses efforts à nous faire accéder à cette part de la vie sociale que nous ne savons pas voir ou ne pouvons pas voir (faute d'outils qui conviennent), ou à mettre au jour des connexions ou des corrélations inaperçues entre les faits familiers, pour accroître notre intelligence du monde social, force est de convenir qu'elle ne pourra le faire qu'au prix d'un nouveau déploiement de son imagination créatrice et d'une évolution de son mode d'expression. De ce point de vue, on aimerait qu'elle s'attelle un jour, en ce qui concerne les faits de société, au genre de tâche que Wittgenstein se fixait en matière d'analyse des faits de langage, à savoir dessiner un tableau d'ensemble

« des faits si familiers qu'ils passent inaperçus » : « En lieu et place de la turbulence des hypothèses et des explications, nous voulons instaurer le calme examen des faits de langage. » [Wittgenstein, 1961.]

## Références bibliographiques


DEWEY J. (1927), *The Public and its Problems*, in *The Later Works, 1925-1953*, vol. 2, Southern Illinois University Press, Carbondale.

DEWEY J. (1993), *Logique. Théorie de l'enquête*, PUF, Paris [1938].

GARFINKEL H. (1967), *Studies in Ethnomethodology*, Prentice-Hall, Englewood Cliffs.

LUHMANN N. (1990), *Essays on Self-Reference*, Columbia University Press, New York.

LUHMANN N. (1995), *Social Systems*, Stanford University Press, Stanford [1984].

MEAD G. H. (1997), « La chose physique », *Réseaux*, n° 85, p. 195-211 [1932].

PASSERON J.-C. (1991), *Le Raisonnement sociologique*, Nathan, Paris.

WITTGENSTEIN L. (1961), *Tractatus logico-philosophicus suivi de Investigations philosophiques*, Gallimard, Paris [1953].

5

# Les tentatives de professionnalisation des études de sociologie : un bilan prospectif

*Claude Dubar*

La question : « À quoi sert la sociologie ? » peut souvent être traduite par une autre, souvent posée par les étudiants : « Sur quoi débouchent les études de sociologie ? » La sociologie fait en effet partie, en France désormais [1], de ces disciplines universitaires dont les diplômés, avant bac + 5 tout au moins, n'exercent pas, sauf exceptions, leur « spécialité » et ne se considèrent pas comme « professionnels » de la discipline qu'ils ont étudiée [2]. La question de la « professionnalisation » de la sociologie – et spécialement de son enseignement – doit être examinée d'abord d'un point de vue historique. Elle est inséparable de l'histoire de la discipline et notamment de son enseignement qui commence, en France, à faire l'objet d'analyses globales relativement consensuelles, notamment en ce qui concerne son découpage en périodes [Chenu, 1998]. Nous verrons, dans la première partie de ce texte, en quoi le terme même de

1. Il n'en a pas toujours été ainsi : dans les années 1960, en France, la grande majorité des licenciés de sociologie et, dans les années 1970, les titulaires d'une maîtrise, trouvaient facilement un emploi en rapport avec leurs études. Voir, pour l'exemple lillois, Thibaut [1989].

2. Selon l'étude menée par Odile Piriou [1999] environ 70 % des titulaires d'un DEA de sociologie de 1983-1984 se considéraient, dix ans plus tard, comme sociologues contre moins de 20 % des titulaires d'une maîtrise.

« professionnalisation » a changé de sens au cours de cette courte histoire. Nous reviendrons sur quelques tentatives de création de diplômes « professionnalisés » de sociologie et nous tenterons d'expliquer pourquoi il n'existe toujours pas, aujourd'hui, de diplôme de « sociologue professionnel » *stricto sensu*, comme il y en a pour les démographes, les statisticiens ou les psychologues. Nous verrons également en quoi la question de l'introduction des « sciences économiques et sociales » dans les programmes des lycées n'a pas été un vecteur de « professionnalisation » des diplômés de sociologie comme c'est le cas, depuis longtemps, pour les historiens, les géographes ou les philosophes.

Cette contribution se veut aussi prospective. Elle examine l'hypothèse selon laquelle l'enseignement de la sociologie se trouverait, depuis quelques années [3], à un tournant et que des conditions commenceraient à être remplies pour rendre plus lisibles et plus efficaces les débouchés professionnels des études sociologiques, notamment grâce aux diplômes d'études supérieures spécialisées (DESS). Mais le processus ne fait que s'amorcer et rien ne prouve qu'il ira effectivement dans ce sens. Pour comprendre cette situation incertaine, il faut élucider les obstacles à la réussite d'une « professionnalisation » de la sociologie, en France, à travers les échecs successifs de mise en place ou de valorisation de diplômes ou de filières « professionnelles ». Il faut donc revenir en arrière et rappeler brièvement les grands moments de la constitution de l'enseignement de cette discipline qui, en France, s'est construite en deux temps séparés par une période de déclin.

3. On peut dater du milieu des années 1990 le décollage des DESS à forte composante sociologique en même temps que la multiplication de rencontres des associations concernées (AISLF, ASES...) sur ce thème. Voir Legrand [1999].

## La première fondation de la sociologie en France et l'échec de son institutionnalisation (1895-1945)

On connaît désormais, de façon assez précise, les circonstances historiques de la constitution de la sociologie en « discipline scientifique » dans les dernières années du XIXᵉ siècle autour de ceux que l'on appellera les « durkheimiens » [Karady, 1976 ; Mucchielli, 1998]. Il s'agissait d'intellectuels, philosophes mais aussi anthropologues, historiens, économistes, etc., que l'on pourrait qualifier d'« engagés » tant la fondation de la sociologie comme « science » était liée, pour eux, au triomphe des idéaux républicains. En effet, cette fondation s'est faite, en partie du moins, contre une autre tentative de création de la sociologie, sous l'égide de René Worms qui avait lancé la première *Revue internationale de sociologie*, en 1893, deux ans avant le premier numéro de *L'Année sociologique*. La lutte entre les deux conceptions de la sociologie, en pleine affaire Dreyfus, tourna finalement à l'avantage des « durkheimiens ». La création, par ceux-ci, de l'École des hautes études sociales [4], en 1900, provoqua la sécession des antidreyfusards (Tarde, Boutroux, etc.) qui constituèrent un « Collège libre » qui n'eut pas grand avenir. Mais ce fut un peu une victoire à la Pyrrhus ; l'introduction de la sociologie à l'université fut en effet lente et très partielle : la chaire qu'occupa d'abord Durkheim à Bordeaux s'appelait « pédagogie et science sociale » et celle à laquelle il accéda à la Sorbonne, en 1902, « sciences de l'éducation ». Elle ne devint « sociologie » qu'en 1913 et ne fut pas reconduite après sa mort en 1917. Celle que Maurice Halbwachs, un de ses disciples, occupa au Collège de France, en 1944, s'appela « psychologie collective ».

Il est important, pour le sujet qui nous occupe, de comprendre pourquoi la sociologie durkheimienne n'est pas parvenue à devenir une discipline universitaire autonome dans l'entre-deux-guerres et comment elle s'est maintenue dans l'orbite de la

4. Il s'agissait d'un lieu de rencontre, de séminaires et de colloques plus que d'un lieu de formation [Mucchielli, 1998].

philosophie. C'est en 1920 qu'est créé le « certificat de morale et sociologie » qui restera pendant près de quarante ans la seule attestation (un quart de la licence de philosophie) universitaire de cette discipline. Cette même année, la sociologie fut introduite dans les écoles normales primaires, conformément au souhait de Durkheim lui-même qui avait étroitement lié la sociologie à l'éducation, le projet sociologique « scientifique » à la fondation d'une morale « républicaine » dont l'école laïque devait être le vecteur de diffusion : la sociologie devait être, selon ses propres termes, un « instrument d'éducation morale » [Durkheim, 1900]. De ce fait, la place de la sociologie se trouva, dans l'enseignement universitaire, au côté de la morale, dans un cursus de philosophie qui ne comportait, bien évidemment, aucune initiation à une méthode d'analyse empirique et, *a fortiori*, aucune préparation à un travail « de terrain [5] ». Et, lorsqu'en 1924 fut créé l'Institut français de sociologie qui dura jusqu'en 1962, ses initiateurs le conçurent comme une « société savante, exclusivement scientifique et fermée » [Karady, 1976], un lieu de rencontre pour les chercheurs « sociologisants » de toutes les disciplines de ce qu'ils appelaient la « science sociale » définie comme « science de l'homme vivant en société ».

On comprend assez facilement, dans le contexte de l'époque, que ces éminents savants, spécialistes d'histoire ancienne, d'ethnologie ou de géographie humaine refusèrent de défendre l'enseignement de la sociologie dans les écoles normales primaires lorsqu'il fut menacé puis supprimé (par la droite, en 1934). Ils refusèrent aussi de s'engager dans la création d'un enseignement de la sociologie dans l'université et même d'écrire ce « grand manuel sociologique » que Marcel Mauss, neveu de Durkheim, appelait pourtant de ses vœux [Karady, 1976]. C'est ainsi qu'on peut essayer aujourd'hui de rendre compte de ce « discrédit intellectuel de la sociologie au sein de la génération

5. Et ceci contrairement à ce qui se passait, à la même époque, à Chicago où, sous l'impulsion notamment de Robert Park, les étudiants étaient fermement invités à « aller sur le terrain » et à produire des connaissances sociologiques à partir d'enquêtes empiriques. Voir Chapoulie [2001].

de 1930 » (celle qui accède à un enseignement supérieur très élitiste) qui ne rencontre qu'une sorte de « sociologie vulgarisée », nullement favorable à la reconnaissance d'un « métier de sociologue » et à la justification de « créations de postes » à l'université [Heilbron, 1986]. À la veille de la Seconde Guerre mondiale, la sociologie française apparaît relativement sinistrée : il n'existe que trois chaires de sociologie dans l'université (Paris, Bordeaux, Strasbourg) et l'enseignement de la sociologie reste encastré dans celui de la philosophie et pourvu d'une image passablement floue.

Contrairement à d'autres pays et à d'autres contextes, la sociologie d'enquête n'est pas parvenue, en France, à se construire et à s'imposer, alors même qu'elle était partie prenante du projet des durkheimiens [6]. Il faudra donc la refonder.

## La « refondation » de la sociologie jusqu'à la création de la licence (1945-1958)

Tout commence à changer avec la création, en 1946, du Centre d'études sociologues (CES) par le CNRS. Comme l'écrit justement Chenu [1998], « un corps de chercheurs professionnels pratiquant, à plein temps, une sociologie empirique centrée sur l'observation et l'analyse des sociétés contemporaines se met en place dans le cadre du CNRS. » Une génération pionnière, venue de tous horizons et animée par des motivations diverses [Tréanton, 1992], se forme « sur le tas » et découvre le « travail de terrain ». On sait aujourd'hui le rôle décisif qu'a joué Georges Friedmann, entre 1948 et 1951, en attribuant des grands domaines d'investigation (école, ville, loisirs, syndicalisme, travail, etc.) à de jeunes chercheurs entreprenants [Mendras, 1995]. Les grandes enquêtes par questionnaire

6. Une des œuvres majeures de Durkheim, *Le Suicide* [1997], n'eut que très peu d'influence sur la manière d'enseigner la sociologie en France, dans l'entre-deux-guerres. Ce sont des sociologues américains (Selvin, Lazarsfeld…) qui présenteront, après 1945, cette œuvre comme fondatrice de la sociologie moderne.

commencent à se mettre en place à l'INED, l'INSEE, l'IFOP, créé par Stoetzel en 1938.

Une initiation à la recherche est mise en place, en 1947, au sein de la sixième section de l'École pratique des hautes études (EPHE) qui deviendra, après 1968, l'École des hautes études en sciences sociales (EHESS). On commence ainsi à parler de « professionnalisation » de la sociologie pour désigner cette discipline nouvelle, résolument tournée vers la compréhension du monde contemporain et fondée sur l'« utilité des recherches à base empirique » [Heilbron, 1986, p. 69].

C'est dans ce contexte que Georges Friedmann, Edgar Morin et Jean-René Tréanton présentent une communication à la réunion de Liège de l'International Sociological Association (ISA), en 1953, intitulée : « Remarques sur les activités et responsabilités professionnelles des sociologues en France ». Ils y défendent l'idée que la sociologie doit se centrer sur « les problèmes économiques et sociaux du XXe siècle » et que ses recherches doivent être « orientées vers l'action pratique ». Ils plaident pour le développement d'une « recherche appliquée », par exemple au sein des « services d'études des entreprises et des administrations de l'État », et citent l'Institut national d'études démographiques (INED) comme modèle dont ils devraient s'inspirer pour « créer leurs propres instituts de recherche ». Ils suggèrent la mise en place d'un enseignement résolument tourné vers cette recherche appliquée, une véritable « formation professionnelle » à la sociologie d'enquête [7]. Ils insistent sur le fait que cette orientation repose sur la « garantie d'objectivité que sauront acquérir ces travaux » et que celle-ci implique qu'on ne puisse les soupçonner « de servir des idéologies ou des intérêts particuliers » [Friedmann, Morin, Treanton, 1953].

Ce texte est porteur d'une conception particulière de la « professionnalisation » qui n'est pas sans rappeler les débats qui divisèrent les sociologues américains au moment de la grande crise

7. Celle qui existait à l'École pratique des hautes études (VIe section) s'adressait non à des étudiants mais à des adultes et notamment à des chercheurs en sciences sociales soucieux de s'initier à la méthodologie d'enquête.

de 1929 et du programme dirigé par Ogburn[8] qui donna lieu à un volumineux rapport préfacé par le président Herbert Hoover (1933). C'était sans doute la première fois dans l'histoire de la discipline qu'une association de sociologues (l'American Sociological Association, la plus puissante, depuis cette époque) revendiquait majoritairement (contre une forte minorité) le statut de « professionnel » pour ses membres, c'est-à-dire une sorte de reconnaissance juridique de son autonomie au nom des services rendus à la collectivité et de sa capacité à se doter d'un code de déontologie (sur le modèle des professions médicales et juridiques). Cette position n'était pas partagée par tous les sociologues de l'Association, et notamment par les « militants » se considérant « porte-parole » des « dominés » dont ils se sentaient solidaires. Elle fut aussi critiquée, à plusieurs reprises par la suite, par ceux qui ne partageaient pas les positions « fonctionnalistes » selon lesquelles les « professions » représentaient, dans les sociétés modernes les plus avancées, une « garantie d'expertise au service de la démocratie », ce que Carr-Saunders [1933] puis Parsons [1968] appellent « la fusion de la légitimité culturelle et de l'efficacité économique[9] ».

Les sociologues qui se disaient « critiques » considéraient que cette stratégie de professionnalisation ne reposait sur aucune pratique effective et enfermait les sociologues dans un rôle de « conseiller du prince » qu'ils ne voulaient pas tenir. Ce débat entre diverses conceptions épistémologiques et éthiques de la pratique sociologique est, depuis cet épisode, au cœur de la question de la « professionnalisation[10] ». Le sociologue peut-il être un « expert » au-dessus de la mêlée (des classes en lutte) ou est-il nécessairement lié à un point de vue (de classe) sur le social qu'il étudie ? Existe-t-il des règles déontologiques susceptibles de le prémunir de ses partis pris ? Ce qui avait divisé les sociologues aux États-Unis, dans les années trente, commençait à agiter les

8. Sur cet épisode de l'histoire de la sociologie américaine, voir les interprétations diverses de Desmarez [1984], Heilbron [1986] et Chapoulie [2001].

9. Sur les théories fonctionnalistes en matière de « professionnalisation », voir Dubar et Tripier [1978, chap. 4].

10. Comme de la construction et de l'usage des statistiques. Voir Desrosières [1993].

sociologues français du CES dans les années cinquante [Chapoulie, 1992]. Faute de consensus suffisant sur ces questions, la question de la formation professionnelle ne pouvait être traitée.

Le texte de 1953 n'aura aucun prolongement concret, dans l'immédiat, en matière de « professionnalisation » de la sociologie. C'est aussi que les chercheurs du CES sont très coupés de la sociologie « universitaire » de Georges Davy et de Georges Gurvitch. Très peu d'entre eux enseignent et il existe un grand décalage entre les préoccupations de ces chercheurs et les contenus des quelques enseignements de sociologie qui restent, sauf exceptions [11], encastrés dans le cursus de philosophie et à orientation fortement spéculative. Il faudra attendre l'élection de Raymond Aron à la Sorbonne en 1957 pour que soit enfin créée, le 2 avril 1958, la licence de sociologie, autonome par rapport à celle de philosophie. Elle comprend, au départ, quatre certificats : sociologie générale, psychologie sociale, économie politique et une option à choisir dans une liste restreinte (démographie, histoire économique et sociale, etc.). Elle est créée à la Sorbonne à la rentrée 1959 et essaimera, durant la première partie des années soixante, dans une dizaine de grandes villes universitaires (Lyon, Nancy, Strasbourg, Lille, Bordeaux, Aix-en-Provence, Toulouse, etc.). Une ère nouvelle s'ouvre-t-elle pour la sociologie française ?

## L'institutionnalisation de la discipline dans l'Université et au-delà : 1958-1976

L'existence d'une licence de sociologie, même accompagnée de la création d'un troisième cycle (1962), ne signifie pas qu'une formation professionnelle à la sociologie existe alors dans l'université française. Le Groupe d'étudiants de sociologie de

11. Parmi celles-ci, il faut mentionner l'enseignement de Georges Friedmann au Conservatoire national des arts et métiers, ainsi que l'EPRASS, cycle d'apprentissage à la recherche en sciences sociales organisé par la VI^e^ section de l'EPHE. Mais l'un et l'autre concernaient surtout des adultes déjà insérés dans le monde professionnel ou scientifique.

l'université de Paris (GESUP) ne se trompait pas lorsqu'il constatait, dès 1959, que « la licence est un diplôme trompeur : l'enseignement est uniquement rhétorique et encyclopédique [...] il n'y a pas de formation à la recherche » [Heilbron, 1986, p. 71]. Les revendications de ces étudiants de l'UNEF étaient de bon sens : introduire un stage, alléger les programmes, former à la recherche empirique. Elles allaient dans le sens de cette pratique professionnelle appelée de leurs vœux par Friedmann et Tréanton en 1953. Mais elles étaient difficilement compatibles avec les structures des facultés des lettres de l'époque (cours magistraux en amphi, pas de laboratoires, épreuves purement livresques, etc.). Néanmoins la question était posée.

Cela est si vrai que la toute nouvelle Société française de sociologie (SFS), créée en 1962 pour remplacer le vieil Institut français moribond, met à l'ordre du jour de sa séance d'octobre 1964 une proposition, distribuée en séance et soutenue notamment par Tréanton, de créer un « diplôme d'expert » en sociologie. Le constat est simple : il y a un « gap » entre la licence (bac + 3), encore très académique et la thèse (bac + 7) forcément élitiste. Les psychologues, les démographes, les géographes se sont dotés de diplômes d'expert qui semblent attirer des étudiants. Un marché des contrats d'études et de recherche commence à se mettre en place, notamment sous l'impulsion de la nouvelle Délégation générale à la recherche scientifique et technique (DGRST) créée sous l'impulsion du général de Gaulle en 1959. Il est donc temps, selon les rédacteurs, de mettre en place une formation « professionnalisante » à la sociologie qui soit sanctionnée par un « diplôme reconnu ». La proposition fut accueillie dans une indifférence polie. Quels seront les débouchés effectifs de ce diplôme « professionnel » ? Ouvrira-t-il la voie à l'enseignement universitaire ? Sur ce point, la position de Stoetzel semble recueillir l'assentiment majoritaire des présents : « L'agrégation de philosophie continue à fournir – ou devrais-je dire assure à nouveau – un recrutement de haute qualité du personnel universitaire en sociologie » [Heilbron, 1986,

p. 71]. Il vaut mieux être normalien ou agrégé de philosophie que doctorant en sociologie pour devenir assistant. Quant à l'accès aux contrats de recherche, c'est une question trop triviale pour être abordée par la Société : l'affaire est entendue.

Ce qui se produit à cette époque (1962-1968) dans la toute récente « communauté sociologique » est cependant très intéressant pour notre sujet. En effet, d'un côté, notamment sous l'impulsion d'Aron, la Société française de sociologie affiche explicitement sa volonté de contribuer à la constitution « d'une véritable profession de sociologue » [*Revue française de sociologie*, 1963, p. 63-64]. Elle regroupe à la fois des chercheurs du CNRS (dont le nombre passe de 50 en 1958 à 100 en 1964) formés, pour la plupart, dans l'esprit des pionniers du CES, à la recherche empirique et à la pratique des contrats de recherche qui se multiplient mais aussi, de plus en plus, des enseignants-chercheurs dont le nombre augmente au fur et à mesure de l'ouverture de cursus de sociologie (leur effectif passe de 20 en 1958 à près de 100 en 1968). Elle s'intéresse à la politique scientifique du CNRS aussi bien qu'aux projets pédagogiques de créer des facultés de sciences sociales, détachant la sociologie des facultés de lettres. Mais, d'un autre côté, elle reste très divisée sur la conception même de la pratique sociologique et sur sa signification éthique et politique. Le contexte de l'époque incline beaucoup de sociologues à « choisir leur camp » entre celui des directions d'entreprise ou de l'État et celui des syndicats, de la classe ouvrière et des organisations « révolutionnaires ». Entre une pratique « militante » de la sociologie, dénonciatrice de la domination économique ou symbolique, et une pratique d'expertise, au service des décideurs, la conciliation paraît impossible.

L'épisode des Journées d'octobre 1965 impulsées par la Société française, avec le soutien de Pierre Massé, commissaire au Plan, et de Claude Gruson, administrateur de l'INSEE, est révélateur de cette coupure interne à la sociologie. La publication, sous le titre *Tendances et volontés de la société française*, des Actes de cette Journée suscite une polémique : les communications trop « critiques » n'ont pas été publiées sans que les justifications données paraissent convaincantes. Les sociologues « critiques » interprètent cette « censure » comme un coup de force idéologique destiné à faire prévaloir une conception « experte » et « bien pensante » de la recherche sociologique [12]. Certains quittent la Société en dénonçant le parti pris des organisateurs en faveur d'une sociologie « conseillère du Prince » prête à toutes les compromissions avec le Pouvoir. C'est ce que Heilbron [1986, p. 73] appelle une « mimoprofessionnalisation », c'est-à-dire « un discours à usage externe de présentation et de représentation » d'une sociologie pseudo-professionnelle. Cette stratégie ne survivra pas à l'explosion de mai 1968.

Les événements de mai 1968 vont révéler et amplifier la coupure précédente entre les sociologues-militants et les sociologues-experts. L'image de la sociologie comme « discipline agitée et agitatrice » [Chenu, 1998] date de cette époque qui semble sceller l'absence de consensus sur le sens même de la pratique sociologique et, de ce fait même, sur ses modes de formation et ses *curricula*. Mais, en même temps qu'elle se divise durablement (au moins jusqu'au milieu des années 1980), la sociologie française s'institutionnalise : les sciences économiques et sociales (SES, comprenant une bonne dose de sociologie) entrent dans l'enseignement secondaire en 1970 ; des sections SES sont créées dans les Écoles normales supérieures (1972) ; le CAPES puis l'agrégation de SES (1976) sont instaurés. L'institutionnalisation est formellement achevée alors même que l'on assiste à un essor massif de la recherche contractuelle grâce à la Délégation générale à la recherche scientifique et technique (DGRST) mais aussi au CORDES et à divers ministères (Équipement, Affaires sociales, Travail, etc.) qui financent et contribuent à la structuration de sociologies spécialisées (urbaine, de la famille, du travail, etc.). Certes, la sociologie apparaît toujours profondément divisée « idéologiquement », mais elle se différencie désormais clairement de la philosophie sociale (sauf dans quelques bastions irréductibles). Le nombre de

12. Sur cet épisode, voir M. Pollack [1976], ainsi que C. Durand (éd.) [1984].

sociologues a explosé : 300 enseignants-chercheurs en 1978, 148 chercheurs CNRS en 1976 (dont 115 à Paris) mais aussi un nombre important (plus de 600 selon le recensement des syndicats en 1976) de « chercheurs hors statuts » qui sont devenus des sortes de « professionnels » des contrats de recherche, fortement liés à des « populations » et des « terrains » spécifiques et dont les recherches sont financées par ces organismes publics bénéficiant tous d'une part de l'« enveloppe recherche ».

La création de filières professionnelles d'enseignement n'a certes pas abouti durant cette seconde période mais de nombreuses expériences d'enseignement de la sociologie à partir de la pratique d'enquêtes ont eu lieu à Vincennes (Paris-VIII), à Lille et ailleurs [13]. De vrais laboratoires se sont créés se dotant de programmes et de perspectives de recherche. Une vraie culture professionnelle de la recherche de terrain se construit, audelà parfois des clivages entre sociologie « militante » et sociologie « experte ». Certes les créations de postes se sont taries dans l'université, depuis 1972, mais les étudiants en sociologie qui apprennent leur « métier » souvent à partir de leur mémoire de maîtrise, mettant de plus en plus souvent en œuvre des méthodes rigoureuses, trouvent du travail comme chargés d'études, vacataires ou hors statut. C'est durant cette période que les sociologues français apprennent à reconnaître leur diversité sans que cette prise de conscience n'implique, comme dans d'autres disciplines voisines, un éclatement total. Les clivages de la période précédente tendent progressivement à s'estomper et les conditions semblent remplies à certains [14] pour envisager un

13. Ces expériences ont été évoquées lors de la dernière demi-journée du colloque sur l'École de Chicago qui s'est tenu devant plus de 300 sociologues à Saint-Quentin-en-Yvelines. Voir Tripier (éd.) [1998].

14. C'est au cours de cette période que s'ouvrent des formations à la recherche ancrées sur des laboratoires et préparant les étudiants à pratiquer des interventions sociologiques (voir par exemple les expériences de l'IEP de Paris autour du Centre de sociologie des organisations de Michel Crozier, puis du Laboratoire de sociologie du changement institutionnel de Renaud Sainsaulieu) qui deviendront des DEA ou des DESS formant plusieurs générations de « sociologues professionnels ».

exercice « professionnel » de la sociologie [15] à partir de cette pratique contractuelle en plein essor.

## La sociologie, l'intégration des « hors-statuts » et l'université de masse (1976-1998)

Cette conjoncture va être bouleversée par deux événements qui n'ont apparemment aucune relation mais dont les conséquences vont être redoutables. Le premier est la décision d'intégration sur des emplois du CNRS de tous les « hors-statuts » ayant travaillé un certain nombre d'heures sur l'« enveloppe recherche » avant le 1er janvier 1974. Cette décision fit brutalement passer le nombre de sociologues du CNRS de 148 en 1976 à 320 en 1982, soit plus qu'un doublement, ce qui eut pour conséquence de tarir le recrutement ultérieur de sociologues au CNRS, mais aussi de stopper net le processus de « professionnalisation » précédent. En effet, dès lors que les « sociologues professionnels » pouvaient se retrouver fonctionnaires grâce à la titularisation des agents CNRS (ce qui fut fait en 1983) dans un laboratoire de recherche (soit comme chargés de recherche, soit comme ingénieurs de recherche, selon des critères parfois douteux [16]), la dynamique de constitution et de reconnaissance d'une « profession » de sociologue susceptible de se doter d'un cursus de formation spécifique se trouva durablement bloquée. Les crédits publics de recherche se mirent à décroître alors même que les recrutements à l'université étaient au plus bas. Le nombre de thèses de sociologie se mit à diminuer dangereusement : 205 en 1979 (dont la moitié d'étrangers), 170 en 1985, 94 en 1988 (dont environ 40 % d'étrangers). La sociologie était en train de devenir une discipline en déclin, repliée sur elle-même, ses membres, à

15. Une Association professionnelle des sociologues (APS) voit même le jour en 1980 et lance une enquête sur les pratiques professionnelles des sociologues.
16. Cet épisode important de l'histoire de la sociologie française reste à écrire. Mais il ne peut être ignoré dans la perspective de cet ouvrage.

l'université ou au CNRS, vieillissant sur place sans formation efficace de la jeune génération.

Le second événement est cette « prédiction autocréatrice » formulée par le ministre Chevènement en 1984 : « 80 % d'une classe d'âge doit arriver au niveau du baccalauréat en l'an 2000. » Ce volontarisme politique qui n'est pas très loin de s'être réalisé [17] eut des conséquences encore plus redoutables sur les études de sociologie. Une part croissante d'élèves de l'enseignement secondaire, général et technique (et même parfois professionnel après l'instauration du bac pro), qui ne purent pas entrer dans les formations « courtes » (IUT principalement) devenues de plus en plus sélectives, se retrouvèrent, sans l'avoir voulu, dans les sections réputées les moins exigeantes des DEUG, en particulier en sociologie (mais aussi en administration économique et sociale et en psychologie). Les cursus de sociologie durent partout accueillir une masse d'étudiants que rien ne préparait à « devenir sociologues ». D'ailleurs, ils ne le deviennent généralement pas. Sur la base d'un suivi de trois promotions successives d'entrants en 1re année de DEUG de sociologie à Saint-Quentin-en-Yvelines (en 1991, 1992 et 1993), j'ai trouvé (sur 100 à 150 entrants) respectivement 12 %, 2 % et 6 % d'étudiants qui avaient obtenus, en 1999, un diplôme de niveau bac + 5 (DEA ou DESS). La moitié environ arrêtent leurs études en premier cycle, un tiers après la licence et un dixième après la maîtrise [18]. C'est, semble-t-il, une situation moyenne : bien des cursus de sociologie en France, accueillant bien plus d'entrants (parfois plus de 1 000), ne parviennent pas à ces taux. N'empêche : sur 100 entrants dans un cursus de sociologie actuellement, moins de 10 ont une chance de pouvoir se dire, un jour, « sociologues ».

La mise en place des diplômes d'études approfondies (DEA) et des diplômes d'études supérieures spécialisées (DESS), au milieu des années quatre-vingt, a en effet contribué à déplacer vers le haut (de bac + 4 à bac + 5), le seuil à partir duquel on

17. Voir l'excellent article de Florence Maillochon [1994].

18. Voir les chiffres collectés lors de la Journée de l'Association des sociologues enseignants du supérieur (ASES) de 1996 et portant sur une dizaine de cursus.

considère un étudiant comme un futur « professionnel » ou « scientifique » de sa discipline. En effet, dans la plupart des disciplines, c'est à cette étape du cursus que les admissions commencent à se faire autrement que de manière automatique, à partir de l'obtention du diplôme de niveau antérieur. Il faut que les candidats aient soit un projet professionnel (DESS), soit un « projet de thèse » (DEA). Un jury examine l'adéquation de ce projet aux exigences de la formation concernée qui fait entrer dans le « troisième cycle » et qui n'admet qu'un nombre limité d'étudiants. En sociologie, ce passage introduit une rupture dans le cursus et oblige les étudiants à des choix lourds de conséquences. Que cette étape décisive ne concerne qu'une petite minorité d'étudiants entrés dans un cursus de sociologie pose des problèmes graves. L'un des plus sérieux est le suivant : comment inciter les formations professionnelles « courtes » (bac + 2) à accueillir la masse des « nouveaux bacheliers » qui ont absolument besoin d'un accompagnement pédagogique et d'une préparation à des métiers (classés « professions intermédiaires ») que les filières de l'université ne peuvent pratiquement pas assurer. Les tentatives de « professionnalisation » des premiers cycles ont largement échoué en sociologie (et ailleurs). Beaucoup d'étudiants s'y retrouvent parce qu'ils ont échoué à un concours d'entrée en IUT (carrières sociales) ou dans une école. Est-ce tolérable ?

Toutes les évolutions précédentes n'ont pas comporté que des inconvénients pour la sociologie. Du fait du mode de calcul des dotations en poste, le nombre de docteurs en sociologie qui se mit de nouveau à croître après 1989 à la suite d'une politique volontariste [19] trouvèrent plus de postes de maître de conférences dans les universités où existe un cursus complet de sociologie : de 10 à 15 postes à la fin des années quatre-vingt on est passé à 35 à 40 postes à la fin des années quatre-vingt-dix. On peut estimer qu'un tiers environ des docteurs en

19. Voir le rapport Chapoulie, Dubar [1992]. Ce rapport émanant d'une commission pluraliste préconisait le développement des thèses préparées dans de vrais laboratoires et financées par des allocations de recherche.

sociologie-démographie trouve aujourd'hui un emploi de fonctionnaire à l'université, au CNRS (très peu) ou dans les grands organismes publics (INED, INSEE, CEREQ, IRD, INRA, etc.). Comparé aux années quatre-vingt, le taux d'accès des docteurs de sociologie à des emplois publics correspondants a beaucoup augmenté. Le corps des sociologues enseignants-chercheurs a presque doublé ses effectifs en dix ans : de 380 en 1988, il est passé à 660 en 1999, et la pyramide des âges a commencé, lentement, à se redresser (même si la moitié du corps prendra sa retraite avant 2010). La sociologie, grâce à « l'université de masse », a obtenu des postes d'enseignement qui permettent à une partie de ses meilleurs étudiants de trouver des emplois correspondant à leur qualification. Mais qu'est devenue, au juste, dans cette dynamique, la « professionnalisation » des études de sociologie ?

## Une nouvelle conjoncture : vers une professionnalisation des études de sociologie ?

Un consensus semble en voie de se réaliser à l'intérieur des associations de sociologues (Société française de sociologie, Association des sociologues enseignants du supérieur, Association internationale des sociologues de langue française) et, par l'intermédiaire de ces associations, dans les divers segments de la « communauté sociologique » en France, sur la nécessaire et urgente « professionnalisation » des études de sociologie. « La sociologie est profondément engagée dans une aventure de professionnalisation qu'elle ne peut plus nier, sous peine de perdre toute crédibilité sociale. » [Sainsaulieu, 1992, p. 15] ; « Il faut s'obliger à regarder les vraies carrières des sociologues qui se déroulent selon trois axes : activités pratiques, recherche, enseignement et admettre enfin que quarante ans de vie active peuvent permettre des glissements de l'un à l'autre de ces activités. » [Magaud, 1992, p. 32.] « Évoquer la professionnalisation, l'organisation de débouchés hors de l'enseignement et de la recherche, apparaît comme un impératif moral, même si l'on connaît mal ces débouchés. » [Chenu, mars 1999, p. 47.] On pourrait multiplier les citations. Un large accord se fait pour souhaiter que la sociologie comprenne trois aspects complémentaires (et non deux voies scindées entre elles et une troisième invisible) : la recherche, l'enseignement et la pratique professionnelle. Comment se dire sociologue en ne faisant qu'enseigner de la sociologie (sans jamais en faire après sa thèse) ? Comment séparer complètement la « recherche » et l'« intervention sociologique » [Kuty et Vranken, 2001] ? Comment supporter la coupure actuelle entre les sociologues « sur poste » et les sociologues « non académiques » ou « extra-universitaires [20] » ?

Le choix, au terme de l'année de maîtrise, entre l'entrée en DEA devant conduire à une thèse et à un éventuel « poste » de « pur sociologue » et l'entrée en DESS conduisant à une activité de « sociologie appliquée » est, de plus en plus souvent, remis en question. On connaît mieux aujourd'hui les compositions et les caractéristiques de chacune de ces deux voies. Les entrants en DEA ne sont guère plus de la moitié à obtenir leur diplôme, un ou deux ans plus tard. En 1990, 468 DEA avaient été délivrés en sociologie et un peu plus de 250 diplômés s'étaient inscrits en thèse. Entre 1987 et 1990, environ 120 thèses de sociologie avaient été soutenues chaque année (478 thèses en quatre ans). Dix ans plus tard, ce nombre a beaucoup augmenté : le nombre de docteurs candidats à la qualification de maître de conférences en sociologie-démographie était de 288 en 1999, dont les trois quarts environ avaient obtenu une thèse dans ces disciplines [21]. Cette même année, 163 candidats avaient été qualifiés et, parmi eux, 25 furent recrutés comme maître de conférences (soit 9 % des docteurs et 16 % des qualifiés). Compte tenu des délais pour être recruté et des autres concours de chercheurs, on peut estimer entre 50 % et 60 % le taux de qualifiés qui finissent

20. Voir la thèse de Frédérique Streicher [2000] qui inventorie la plupart des situations typiques de ces sociologues souvent non reconnus comme tels alors qu'ils exercent des activités d'enquêtes, d'analyses et d'interprétations sociologiques.

21. Tous ces chiffres proviennent des numéros de *La Lettre de l'ASES* qui constitue un excellent moyen d'information pour les adhérents (1/3 du corps environ).

par obtenir un poste (dans l'enseignement supérieur ou la recherche publique) dans la période actuelle. Que deviennent les autres ? Sont-ils préparés à devenir des « sociologues professionnels » ? Peut-être s'ils ont eu la chance de préparer leur thèse dans un des laboratoires de sociologie où l'on prépare les doctorants aux trois fonctions rappelées précédemment… Sinon, leur « chute » risque d'être très dure…

On commence enfin à mieux connaître aussi les DESS qui se sont multipliés, pour les sociologues, depuis le début des années quatre-vingt-dix. Les diplômes professionnels de ce type « à dominante sociologique » étaient évalués à 9 en 1989, il y en aurait 31 en 1996. Ce chiffre rejoint celui de quarante DESS touchant à la sociologie avancé par le consultant du ministère en 1999 [22]. On assisterait ainsi à une véritable explosion des diplômes « professionnels » à bac + 5 qui ne sont pas seulement ouverts aux étudiants de sociologie mais aussi à ceux de disciplines voisines (administration économique et sociale, sciences de l'éducation ou de la communication, psychologie, gestion, etc.) et à des adultes en formation continue. Il n'empêche : comme les responsables de ces DESS doivent « placer » leurs étudiants sous peine de non-réhabilitation et qu'un DESS accueille, en moyenne, une vingtaine d'étudiants, c'est environ 800 « professionnels » qui sont formés actuellement dans des fonctions « professionnelles » ayant à voir avec la sociologie, dont une petite moitié sans doute issue des études de sociologie. Face aux « docteurs » de sociologie trouvant un « emploi public », c'est environ trois fois plus d'étudiants de sociologie qui deviennent « professionnels » dans des « métiers » touchant à la sociologie. Se disent-ils pour autant sociologues professionnels ?

La réponse est clairement négative. On peut, semble-t-il, les ranger derrière quatre types d'appellations touchant à quatre domaines d'expertise « représentant plus des trois quarts des

22. Voir *La Lettre de l'ASES*, n° 26, mars 1999 (articles de M. Legrand, P. Casella, A. Chenu, etc.). Il faut prendre ces chiffres avec prudence tant il est difficile d'évaluer quelle est la discipline « dominante » de certains DESS.

DESS concernés » [Chenu, 1999]. Il faut d'ailleurs remarquer que ces identifications sont à peu près les mêmes que celles des maîtrises sciences et techniques (MST) ouvertes aux licenciés de sociologie dans les filières universitaires qui en ont mis en place : les *consultants*, conseillers, experts en « organisation », « management » ou « innovation » sortent de DESS dont l'intitulé inclut souvent le terme « entreprise » (une dizaine sur les 40) ; les *chargés d'études*, aménageurs, « développeurs », experts en développement local sortent de DESS incluant souvent ce terme de « local » et parfois aussi celui d'« urbain » (une dizaine aussi) ; les *ingénieurs*, chargés de mission, chefs de projet, experts de politiques sociales sortent de DESS aux appellations diverses mais comportant souvent le terme « social » (cinq ou six sur 40) ; les *conseillers*, consultants en politiques culturelles et gestion du patrimoine sortent de DESS comportant le mot « culture » (4 cas).

Les autres intitulés sont beaucoup moins concentrés : certains portent sur les méthodes et techniques d'enquêtes (2) ou sur les procédures d'intervention sociologique (1) ou encore de « sociologie appliquée » (1). Une concerne l'ingénierie de formation (mais d'autres relèvent principalement des sciences de l'éducation) et une l'analyse du travail (mais d'autres relèvent plutôt de l'ergonomie). On voit la difficulté : sur quels critères rattacher un DESS à la sociologie plutôt qu'à une autre discipline voisine, dès lors que la plupart des diplômes sont « à cheval » sur plusieurs disciplines (ce qui ne veut pas dire pluridisciplinaires) ? On touche ici à un problème épistémologique que l'on a déjà rencontré et qui n'est pas séparable d'un problème éthique déjà évoqué également.

Pour se considérer comme « sociologue professionnel », il faut, semble-t-il, se sentir doublement lié : d'abord à un « domaine de spécialité », un « champ de problèmes », une « configuration d'acteurs », bref un *terrain* dans lequel on a développé non seulement des connaissances mais des « compétences opératoires », des « savoir-faire » d'expertise qui permettent d'être demandé et reconnu par des acteurs (si possible financeurs ou ayant accès à des financements) sur la base de ses capacités de « résolution de problèmes ». Il y a là une exigence éthique consistant simplement à ne pas tromper l'autre (en parlant de ce que l'on ne connaît pas). Mais ensuite, aussi, être lié à une « communauté scientifique », une « discipline » reconnue et enseignée par l'*université*, dont on partage des références théoriques et des normes méthodologiques et qui permet de se dire et de se faire reconnaître comme « sociologue », ce qui ne veut pas dire « ayant la vérité sur le social » mais « voulant la rechercher à tout prix, de façon autonome, en prenant en compte tous les points de vue sur lui [23] ». Il y va d'une conviction épistémologique forte. Cette double identité est constitutive du « modèle professionnel » qui suppose un double ancrage : dans une « discipline » renvoyant à l'université et dans un « milieu » comportant des acteurs convertis [24] à la légitimité de ces « savoirs » et à leur « applicabilité » sur leur terrain. C'est au cœur de cette double référence, à l'université et au terrain, que se construisent les identités de « professionnels », produits, toujours instables, d'une double transaction, « avec autrui », c'est-à-dire les partenaires du terrain, mais aussi « avec soi-même » ayant intériorisé, par la formation et l'expérience biographiques, une définition de soi que l'on souhaite faire reconnaître par les autres [Dubar, 1991]. Les identités de sociologue sont certes multiples et il ne saurait en être autrement étant donné l'histoire de la discipline qui les a produites. Mais on constate la montée d'une exigence d'articulation entre les trois fonctions précédentes impliquant qu'on se définisse comme « scientifique » et comme « professionnels » et donc comme « praticiens ». Cette exigence s'applique aussi désormais à la grande majorité des « sociologues extra-universitaires », quels que soient leur domaine d'expertise ou leurs statuts d'emploi [Streicher, 2000]. Elle

---

23. On peut lire, à ce propos, les contributions très convergentes sur ce point de François Dubet, Ehrard Friedberg et Jean-Yves Trépos, dans O. Kuty et D. Vranken [2001].

24. Cette conversion est désormais facilitée par la présence d'anciens sociologues à des postes de responsabilité dans le domaine du management, des études et recherches, des politiques publiques. Voir Piriou [2000].

fonde la possibilité d'une nouvelle étape dans la « professionnalisation » des formations à la sociologie.

## Pour ne pas conclure

La conjoncture de ce tournant de siècle et de millénaire paraît donc propice à de nouvelles initiatives de professionnalisation des études de sociologie, par exemple en rendant beaucoup plus visibles et explicites les orientations des DESS à « vocation sociologique », en jetant des passerelles avec des DEA « plus identifiables théoriquement ». Rien ou presque ne permet aujourd'hui à la plupart des étudiantes (très majoritaires) et étudiants de sociologie ayant obtenu leur maîtrise de savoir s'ils doivent aller vers une thèse pour devenir « d'abord chercheur (ou enseignant-chercheur) » ou vers un DESS pour être « d'abord praticien » (ce qui n'exclut ni la recherche ni l'enseignement). Il semble donc possible de défendre la thèse, de plus en plus souvent admise, de la triple fonction des sociologues : enseignant, chercheur et praticien. Pourquoi alors ne pas imaginer des passerelles multiples entre les trois types d'emploi : recrutement de « praticiens » ayant fait leurs preuves à l'université (ou au CNRS) et détachements réguliers de chercheurs et d'enseignants-chercheurs (souvent écrasés par les tâches de l'université de masse) non seulement au CNRS mais dans les entreprises, administrations, syndicats, municipalités, etc., pour contribuer à la résolution de problèmes. Chacun de ces « métiers » y gagnerait quelque chose. Chaque sociologue pourrait remplir les trois fonctions à un moment ou un autre de sa carrière, quitte à garder un ancrage principal dans l'une ou l'autre de ces fonctions. Pourquoi faudrait-il se résigner à la hiérarchisation actuelle de ces trois fonctions (impliquant souvent l'exclusion des praticiens hors de la communauté) ? Qui peut perdre à la modifier ?

CHAPOULIE J.-M. (1991), « Les débuts de la sociologie française, les États-Unis et la classe ouvrière », *Revue française de sociologie*, XXXII-3, p. 289-324.

CHAPOULIE J.-M. (2001), *La Tradition sociologique de Chicago*, Seuil, Paris.

CHAPOULIE J.-M. et DUBAR C. (1992), *La Recherche en sociologie dans les universités françaises*, rapport pour la DRED, ronéoté.

CHENU A. (1998), « L'organisation sociale de la sociologie depuis 1945 », *La Lettre de l'ASES*, n° 25, p. 12-21.

CHENU A. (1999), « L'accroissement des DESS en sociologie », *La Lettre de l'ASES*, n° 26, p. 46-49.

DESMAREZ P. (1984), *La Sociologie industrielle aux États-Unis*, A. Colin, coll. « U », Paris.

DESROSIÈRES A. (1993), *La Politique des grands nombres*, La Découverte, Paris, 2e éd. 2000.

DUBAR C. (1991), *La Socialisation. Construction des identités sociales et professionnelles*, A. Colin, coll. « U », Paris, 3e éd. 2000.

DUBAR C. et TRIPIER P. (1998), *Sociologie des professions*, A. Colin, coll. « U », Paris.

DURAND C. (éd.) (1984), *Le Travail et sa sociologie*, L'Harmattan, Paris.

DURKHEIM É. (1900), « Le rôle de l'université dans l'éducation sociale du pays », *Revue française de sociologie*, XVII-2, 1976, p. 181-187.

FRIEDMANN G., MORIN E., TRÉANTON J.-R. (1953), « À propos de la formation des sociologues » et « Remarques sur les activités et responsabilités professionnelles des sociologues en France », rapport du congrès de Liège de l'Association internationale des sociologues, ronéoté, p. 1-6 et 7-13.

HEILBRON J. (1986), « La professionnalisation comme concept sociologique et comme stratégie des sociologues », *Historiens et sociologues aujourd'hui*, Journées d'études 1984 de la Société française de sociologie, Éditions du CNRS, Paris, p. 61-73.

KARADY V. (1976), « Durkheim, les sciences sociales et l'université : un semi-échec », *Revue française de sociologie*, XVII-2, p. 267-311.

KUTY O. et VRANKEN D. (2001), *La Sociologie et l'intervention. Enjeux et perspectives*, De Boeck, Bruxelles.

LEGRAND M. (1999), « Les DESS en sociologie », *La Lettre de l'ASES*, n° 26, p. 13-17.

MAGAUD J. (1992), « Les carrières des sociologues », *La Lettre de l'ASES*, n° 11, juin, p. 23-26.

MAILLOCHON F. (1994), « La tentation des prospectives. Histoire d'un projet de réforme du système éducatif », *Histoire et mesure*, IX-2, p. 13-50.

MENDRAS H. (1995), *Comment on devient sociologue. Souvenirs d'un vieux mandarin*, Actes Sud, Arles.

MUCCHIELLI L. (1998), *La Découverte du social. Naissance de la sociologie française*, La Découverte, Paris.
PIRIOU O. (1999), *La Sociologie des sociologues*, Éditions Fontenay-Saint-Cloud.
PIRIOU O. (2000), *Les Praticiens de sociologie en entreprise*, LSCI-CNRS.
POLLACK M. (1976), « La planification des sciences sociales », *Actes de la recherche en sciences sociales*, n° 2-3, p. 105-121.
SAINSAULIEU R. (1992), « La professionnalisation des sociologues », *La Lettre de l'ASES*, n° 11, juin, p. 15-18.
SAINSAULIEU R. (1995), « Introduction » à M. LEGRAND et J.-F. GUILLAUME (dir.), *La Sociologie et ses métiers*, L'Harmattan, Paris.
STREICHER F. (2000), *Métiers de sociologues dans des champs extra-universitaires. Identités, transactions et stratégies de professionnalisation*, thèse pour le doctorat de sociologie, université de Nancy-II.
THIBAUT J. (1989), « Les professions des sociologues qui n'en ont pas le titre », LASTREE d'Union, université des sciences et techniques de Lille, mai.
TRÉANTON J.-R. (1991), « Les premières années du Centre d'études sociologiques », *Revue française de sociologie*, XXXII, 3, p. 381-404.
TRIPIER P. (éd.) (1998), « L'École de Chicago hier et aujourd'hui », colloque de Saint-Quentin-en-Yvelines, à paraître.

# 6

# Sociologie, expertise et critique sociale

*Claude Grignon*

Pour les sociologues que le statut épistémologique de leur discipline préoccupe davantage que son statut social, la question de l'utilité de la sociologie ne se pose pas. Comme toute science, celle-ci répond d'abord au besoin désintéressé de savoir et de comprendre ; les seuls profits qu'on doive en attendre sont de connaissance et d'intelligibilité. Si on veut qu'elle débouche sur des applications pratiques, il faut d'abord la laisser se développer pour elle-même. À l'opposé de cet idéal, le réflexe sociologique le plus élémentaire force à reconnaître que la sociologie sert d'abord à ceux qui la servent et qui s'en servent : un pied dans l'institution académique, où elle est dotée et entretenue sur le modèle des sciences, l'autre dans le milieu intellectuel, elle procure des carrières et des réputations à des sociologues qui entretiennent avec elle des rapports très différents, plus ou moins dévoués, plus ou moins exclusifs ; faire de la sociologie peut être une manière détournée de faire de la philosophie, de la littérature, de la publicité ou de la politique. La diversité des usages sociaux auxquels se prête la sociologie brouille sa perception et son identité sociale : des sondages d'opinion à la psychologie, de la psychologie au marketing, de la science politique à l'astrologie, elle entre en composition, aux deux sens du terme, avec tant d'ingrédients, dans la composition de tant de produits, qu'il est bien difficile de savoir au juste en quoi elle consiste.

J'essaierai de sortir de cette alternative en examinant les rapports que la sociologie entretient avec l'action sur les faits sociaux par l'intermédiaire de l'expertise politique et de la critique sociale. L'une et l'autre font partie du métier et de la tradition sociologiques ; elles sont pourtant problématiques, ou du moins devraient l'être, car elles mettent en cause, chacune à sa manière, l'autonomie de la sociologie par rapport à des demandes extra-scientifiques puissantes [1].

## La tradition critique et la dérive édifiante

Comme l'anthropologie, comme la critique historique, la sociologie est issue de l'esprit de libre examen qui s'épanouit au XVIIIe siècle, d'une critique de l'autorité qui vise aussi bien l'ordre social que les dogmes religieux et le pouvoir politique. L'humeur et le projet sociologiques sont nés du sentiment que l'ordre social n'est pas plus naturel, pas plus nécessaire que l'ordre politique, qu'il s'est, comme lui, imposé par la force et par l'habitude, bref qu'il est *arbitraire*. Pour que les sciences de l'homme puissent se constituer, il fallait que ce relativisme proto-scientifique ait déjà pénétré la pensée savante. Le sentiment de l'arbitraire continue à être un des ressorts de la pensée sociologique, comme en témoigne, par exemple, le rôle que la sociologie de l'éducation a fait jouer à la notion d'arbitraire culturel en l'étendant de la culture, au sens anthropologique du terme, à la culture savante ; il en est un des principes, dans la mesure où les lois qui régissent l'ordre social et que la sociologie

1. Je reprends ici les réflexions que j'ai développées dans une conférence donnée à l'Institut d'anthropologie et de sociologie de l'université de Lausanne en avril 2000, à l'invitation de Giovanni Busino, et dans Grignon, 2000. Je m'appuie sur ma double expérience d'expert (à l'Observatoire de la Vie Étudiante) et de critique (dans deux revues, *Actes de la recherche*, dont je me suis beaucoup occupé lors de sa création, et *Critiques sociales*, que j'ai dirigée).

se propose de découvrir ont elles-mêmes, nous y reviendrons, une dimension arbitraire.

Plus les sciences de l'homme s'autonomisent par rapport au mouvement des idées dont elles sont issues, plus elles développent une « supercritique » qui leur est propre. La critique sociale critique l'ordre établi au nom d'un ordre idéal, plus juste, plus rationnel ; c'est une dévalorisation qui implique une valorisation. Son ressort est le même que celui de la satire : *castigat* (pas toujours *ridendo*) *mores* par rapport à une norme implicite. Par principe, la sociologie scientifique se retient au contraire de dévaloriser ce qu'elle relativise : elle se contente de mettre au jour, de dévoiler les mécanismes sociaux cachés dont les valorisations (normes, croyances) sont le produit. Elle conquiert ainsi une position supérieure d'arbitre ; en s'abstenant de prendre parti, en s'efforçant d'être impartiale et objective, elle domine le débat et se place au-dessus de la mêlée. Rien ne lui échappe, aucune valorisation, et donc aucune dévalorisation, aucune idéalisation implicitement contenue dans la dévalorisation du monde tel qu'il est à laquelle se livre la simple critique sociale. On a reconnu l'opposition webérienne entre le savant et le politique : pour passer de la critique sociale à la critique sociologique, il faut que la division des rôles et du travail soit scrupuleusement respectée, que le savant s'abstienne de juger et de décider[2].

Le passage de la critique sociale à la critique sociologique confère donc à la sociologie une sorte de juridiction suprême. Plus les sciences de l'homme parviennent à s'affirmer comme sciences, et plus elles donnent à la critique de l'autorité l'autorité de la science. Leur capacité de désenchantement systématique est sans limites ; au même titre que l'économie, la sociologie, par une référence au moins implicite à l'axiomatique utilitariste réduit les engagements moraux et politiques à

2. « Prendre une position politique pratique est une chose, analyser scientifiquement des structures politiques et des doctrines de parti en est une autre [...]. L'établissement des faits, la détermination des réalités mathématiques et logiques, et, d'autre part, la réponse aux questions concernant la valeur de la culture [...] ou encore celles concernant la manière dont il faudrait agir dans la cité [...] constituent deux sortes de problèmes complètement *hétérogènes*. » [Weber, 1963, p. 81-82.]

l'expression et au déguisement des intérêts de ceux qui les imposent ou qui les partagent. En se proposant de mettre au jour les mécanismes sociaux cachés qui sont à l'origine de toute production symbolique, elle postule implicitement que les croyances politiques, esthétiques ou morales sont des illusions. C'est le cas, par exemple, de l'analyse webérienne de la légitimité ; se demander « pourquoi et dans quelles conditions » les « dominés se soumettent à l'autorité revendiquée par les dominateurs » [Weber, 1963, p. 101], c'est poser une question proprement « anarchiste ».

Cette souveraineté critique des sciences sociales fait de celles-ci un enjeu ; en tant que critique ultime, critique de la critique, elles deviennent une arme de choix, et sont plus que jamais exposées à être utilisées et enrôlées par les partis politiques et intellectuels. La sociologie critique cède ainsi à la *dérive édifiante* chaque fois qu'elle sacrifie ses propres règles et ses propres censures aux directives et aux interdits que lui imposent les causes qu'elle épouse, naguère cause du peuple ou du prolétariat, maintenant cause des femmes ou de l'« environnement[3] » ; la détermination du vrai et du faux, qui est le seul but de la recherche scientifique, doit alors s'incliner devant la détermination intéressée du juste et de l'injuste, qui prend son apparence et sa place. À force de sympathiser avec les groupes qu'il étudie, le sociologue finit par partager leurs croyances, par reprendre à son compte les rationalisations que lui prodiguent les « théories indigènes ». C'est ainsi que la sociologie des religions devient une sociologie religieuse, ou que la sociologie des cultures populaires cède à l'attraction du populisme. Lorsqu'elle cède à cette dérive, la sociologie engagée, mise au service d'une cause, ne diffère pas de la sociologie appliquée, mise au service d'une firme : dans les deux cas, la recherche est encadrée et guidée par les fins qui lui sont assignées de l'extérieur. Les

3. Comme les doctrines s'abritent derrière les causes qu'elles épousent, de sorte que toute critique à l'égard d'une orthodoxie s'expose à être prise pour une attaque contre les causes que cette orthodoxie prétend défendre, on est forcé de rappeler que cette remarque n'implique aucune dévalorisation d'aucune cause (ce qui devrait aller sans dire).

sociologues engagés ne peuvent être vraiment utiles aux causes qu'ils veulent défendre (c'est-à-dire à ceux que ces causes prétendent représenter, et non à ceux qui les représentent) que s'ils leur appliquent le programme de la sociologie critique, en mettant au jour les enjeux et les mécanismes des conflits d'intérêts internes, les rapports entre les prises de position et les stratégies des leaders, les ressorts des luttes et des croyances internes, etc. Cette sociologie qui s'engage sans sympathiser éclairerait les militants ; elle a évidemment peu de chances d'être tolérée par leurs chefs et par les sociologues organiques qui les entourent.

La sociologie ne céderait sans doute pas aussi facilement à la dérive édifiante si les conditions sociales dans lesquelles elle s'exerce ne la conduisaient à confondre spontanément la critique sociologique et la critique sociale. La formation littéraire de la grande majorité des sociologues leur permet difficilement d'imaginer d'autres modèles de l'excellence intellectuelle que les penseurs consacrés sur qui ils ont appris à concentrer leur capacité juvénile d'admiration. Plus la réussite scolaire des sociologues est grande, plus leurs ambitions sont élevées, et plus cette identification aux maîtres à penser a de chances de s'imposer à eux, de constituer la référence implicite de l'idée qu'ils se font de leur vocation et de leur mission, l'étalon sur lequel ils ajustent leurs projets. L'attraction que le modèle consacré de l'« intellectuel » exerce sur les sociologues est renforcée par les attentes du public cultivé, par le goût de celui-ci pour la « culture générale » (et sa réticence à l'égard de la culture scientifique « étroitement » spécialisée). Pour paraître utile et intéressante, pour être considérée, retenue et comprise, la sociologie doit se laisser porter par les mouvements sociaux, s'appuyer sur les intérêts, les croyances, les émotions et les illusions qu'ils suscitent ; la sociologie la plus soucieuse de sa dignité magistrale doit se mettre à l'école de la sociologie amusante et consentir, sans plus de manières, à apporter sa contribution régulière aux variétés culturelles par l'intermédiaire des débats d'idées [4]. Le milieu

4. Sur les « articles de variété » [Hesse, 1955, p. 27].

académique semble offrir de moins en moins de compensations à ceux qui acceptent de sacrifier les profits mondains de l'engagement à une conception plus scientifique de la sociologie, et les protéger de plus en plus mal contre les anathèmes auxquels les expose inévitablement leur manque d'orthodoxie.

Le prestige du maître à penser auprès des sociologues résulte aussi de la confusion entre l'enseignement et la recherche : la plupart des sociologues académiques sont avant tout, sinon exclusivement, des professeurs [5]. Les éléments dramatiques et fusionnels de la prestation professorale, la communication orale, le rapport direct avec l'auditoire, la « présence » personnelle, bref tout ce par quoi un cours s'apparente à un spectacle incite à développer les éléments charismatiques du rapport pédagogique et à transformer la transmission du savoir en une relation initiatique de maître à disciples. Ainsi le professorat expose les sociologues à la tentation du prophétisme. Il favorise, dans notre discipline, la transformation de pensées d'école en écoles de pensée constituées autour de « théories-œuvres » qui revendiquent le statut de théories scientifiques, qui en tiennent lieu et en prennent la place, mais sont conçues et conduites sur le modèle traditionnel de l'œuvre personnelle, littéraire ou philosophique [Grignon, 1996]. À l'inverse des théories scientifiques, qui se savent et se veulent provisoires, les « théories-œuvres » cherchent à se pérenniser ; alors que la recherche pourrait les mettre à l'épreuve du travail empirique, l'enseignement, pour lequel elles sont faites, les en dispense. Destinées à être apprises, récitées et

5. « On s'est trop accoutumé à n'envisager la science que pour *l'enseignement*. Cela tient toujours à ce misérable point de vue de l'utile. Ainsi il y a des gens qui ne conçoivent le savant qu'*enseignant* ; les sciences, classiques et littéraires surtout, ne progressent qu'au profit du collège. Misère ! La science est pour elle-même. Elle veut bien se prêter au collège et se rapetisser pour entrer par sa porte, mais c'est une grâce de sa part. La science est une partie du tout de l'homme fait ; or il arrive, par accident, qu'elle a de plus une utilité secondaire : c'est de servir dans l'éducation. Eh bien ! elle s'y prête : mais distinguez toujours cet emploi accessoire de son office principal, distinguez le professeur (qui n'est que professeur) et le livre élémentaire du savant du livre de science. » [Renan, 1984, p. 201-202.]

répétées, elles ne demandent qu'à prendre la forme mémorable d'une doctrine : la didactique engendre la dogmatique [6].

Une pensée qui parvient à épouser une « bonne » cause, c'est-à-dire une cause approuvée, comptant nombre de sympathisants dans le milieu professionnel, tout en se taillant, suivant la vieille recette marxiste, une réputation ombrageuse de scientificité, a de bonnes chances de s'imposer comme théorie sociologique et de faire école. En sociologie comme ailleurs, la formule de l'œuvre personnelle contrarie et entrave la pensée scientifique ; elle risque en plus de la compromettre. Pour conquérir et retenir une clientèle, pour se populariser, la sociologie édifiante doit en effet faire vibrer à tout moment la corde de la critique sociale ; mais pour lutter contre la concurrence des autres productions intellectuelles et affirmer sa souveraineté, elle doit aussi faire passer la critique sociale pour de la critique sociologique. Plus l'analyse sociologique prend les apparences imperturbables de la science, plus elle multiplie les références érudites, plus elle se retranche derrière l'usage, ostentatoire et rhétorique, des statistiques, des graphes et des extraits d'interviews, et plus les effets qu'elle produit passent inaperçus ; plus ces effets passent inaperçus et plus ils sont forts. Le sociologue qui ambitionne d'être à la fois professeur et démagogue renouvelle ainsi le coup du romancier réaliste qui fait mine de s'effacer derrière sa création ; en prétendant qu'il se contente de « laisser parler les faits » et en se réfugiant derrière la façade scientifique d'une théorie censée assumer sans le vouloir une fonction de dévoilement social, il joue sur les deux tableaux. Comme dit M. Weber [1963, p. 80], c'est « évidemment la manière la plus déloyale d'imposer du haut de sa chaire une prise de position » (d'autant plus déloyale que la chaire est juchée plus haut sur l'échelle académique).

La sociologie critique ne peut échapper à la dérive édifiante qui la menace que si elle pratique sans désemparer la vigilance

6. « Ce n'est pas la science qui est incompatible avec la poésie, mais la didactique, la chaire sur son estrade, la visée dogmatico-programmatico-édifiante. » [Lévi, 1992, p. 205.]

qui lui est propre[7]. Résultat de la concurrence entre les sociologues, la radicalisation de la critique sociologique aboutit malheureusement à disqualifier et à prohiber la « surveillance de surveillance » dont parlait G. Bachelard[8] ; c'est ainsi que la sociologie des sciences est passée, pour dépasser Merton, du relativisme culturel au relativisme cognitif. Le relativisme absolu est sans doute la forme extrême de la sociologie édifiante, mais il n'est en rien nouveau, et il n'est sans doute pas aussi radical qu'il le paraît. Il s'inscrit dans la tradition de la critique sociologique, dont il reprend le principe : l'objectivité scientifique qui la distingue de la critique sociale et qui lui confère sa souveraineté. Rien de nouveau non plus dans l'idée qu'il faut étendre la critique sociologique aux sciences, et, parmi les sciences, aux sciences humaines, parmi les sciences humaines à l'anthropologie et à la sociologie elle-même : la critique sociologique ne s'impose par définition aucune limite dans le choix de ses objets ; critique au second degré, critique de la critique, elle est nécessairement critique d'elle-même. L'idée apparemment radicale selon laquelle les produits de la science, ce que la science présente comme « vérités », sont déterminés par leurs conditions sociales de production et se réduisent à des conventions n'est jamais qu'une application du programme réducteur de base de la sociologie critique, l'expression de son scepticisme de principe.

Tout cela n'a rien que de très sociologique ; c'est pourquoi un sociologue cohérent ne peut refuser d'emblée le relativisme absolu et c'est ce qui permet à celui-ci de s'introduire sans

---

7. Plus une sociologie refuse les disciplines propres aux sciences, et moins elle résiste aux pressions qui s'exercent sur elle ; c'est sans doute pourquoi les sociologues qui se veulent les plus contestataires (qui confondent en général indiscipline et insoumission) sont souvent les plus dociles.

8. « On n'est vraiment installé dans la philosophie du rationnel que lorsqu'on comprend que l'on comprend, que lorsqu'on peut dénoncer sûrement les erreurs et les semblants de compréhension. Pour qu'une surveillance de soi ait toute son assurance, il faut en quelque manière qu'elle soit elle-même surveillée. Prennent alors existence des formes de surveillance de surveillance, ce que nous désignerons, pour abréger le langage, par la notation exponentielle : $(\text{surveillance})^2$. Nous donnerons même les éléments d'une surveillance de surveillance de surveillance – autrement dit de $(\text{surveillance})^3$. » [Bachelard, 1949, p. 77.]

résistance dans les institutions académiques qu'il se propose de conquérir et de subvertir. Le relativisme ne se retourne contre la sociologie que parce qu'il se refuse à transformer son scepticisme en une hypothèse qu'il s'agit de tester et de vérifier, c'est-à-dire d'essayer par tous les moyens de rejeter, et qu'il en fait un postulat, une thèse qu'il se propose d'illustrer et de mettre par tous les moyens à l'abri de la critique. Par un tour de passe-passe qui n'est pas non plus nouveau, la sociologie se retrouve ainsi au service d'un préjugé philosophique, qui échappe du reste à tout examen critique. En postulant que les lois qui régissent le monde social sont absolument arbitraires, et aucunement nécessaires, et par sociologisme et ethnocentrisme de discipline, qu'il en va de même pour les lois qui régissent le monde physique, le relativisme absolu ôte à la sociologie critique le caractère scientifique et objectif dont il continue cependant à se prévaloir ; il la ramène ainsi au premier niveau, celui de la critique sociale. Par un retournement complet, la radicalisation de la sociologie des sciences conduit ainsi la sociologie à favoriser le retour du besoin antiscientifique de croyance que l'esprit de libre examen dont elle est issue avait combattu et refoulé.

## L'expertise, la loi et la norme

L'opposition webérienne entre le savant et le politique illustre bien l'ambivalence de la loi dans le monde social. Comme dans les sciences de la nature, la loi, en sociologie ou en économie, a un caractère objectif et constatif ; mais, à la différence de la loi naturelle, elle a aussi un aspect normatif et prescriptif[9]. On peut dire aussi que la loi, dans les sciences sociales, est à la fois de l'ordre du fait et de l'ordre de la valeur. L'esprit de la critique sociale, dont la sociologie a hérité, considère exclusivement la loi sous son aspect normatif, ce qui le rend incompatible avec l'esprit scientifique. On n'imagine pas un biologiste critiquant

9. Sur la « tension » entre ces deux aspects [Israël, 2000, p. 82].

« la vie », « l'ordre biologique établi », et se proposant de les remplacer par un « ordre nouveau » fondé sur un autre principe, de remplacer par exemple la vie fondée sur la chimie du carbone par une vie fondée sur la chimie du silicium. Le physicien, le biologiste se proposent sans doute d'agir sur la nature ; il n'est pas impossible qu'un généticien fou rêve de « révolutionner » la vie au nom d'une vision personnelle du monde. Mais les plus volontaristes savent que pour agir efficacement il faut d'abord « accepter » la réalité, c'est-à-dire admettre qu'elle existe indépendamment de nous et nous résiste : *naturae non imperatur nisi parendo* [10]. La tradition critique dénonce l'arbitraire des lois qui régissent la société ; l'esprit scientifique oblige au contraire à reconnaître qu'elles ne sont pas moins nécessaires que les lois du monde physique.

L'expertise s'en tient, dans son principe, à l'aspect constatif par lequel les lois qui régissent la société s'apparentent aux lois qui régissent la nature. Alors que la critique sociale, qui dénonce une réalité détestable et annonce une société idéale, est une prophétie, l'expertise est un diagnostic, destiné comme celui du médecin, à améliorer l'état du patient ; pour perfectionner le monde, elle renonce à vouloir un monde parfait. En s'appuyant sur la modélisation statistique et sur la formalisation mathématique, en se dotant d'un vocabulaire technique spécialisé, l'expertise échappe aux facilités et aux pièges du langage naturel [Grignon, 2001]. À la différence de la critique sociale, l'expertise s'impose des limites : elle écarte les questions trop générales et refuse de s'interroger sur la valeur ultime des fins que poursuivent les décideurs qui la demandent. La réserve de l'expert ressemble beaucoup à celle du savant qui, pour connaître le comment des phénomènes, renonce à s'interroger sur le pourquoi : l'interrogation sur le sens est l'équivalent de l'interrogation sur la valeur [Bernard, 1925, p. 54].

On imagine donc sans peine un scénario où l'expertise se substituerait à la critique sociale à mesure que la sociologie

10. Comme dit, entre autres, Poincaré [1927, p. 59].

sortirait de l'enfance des sciences. Mais le passage de la divination ou de la recette de sagesse à l'expertise présente le même risque que le passage de la critique sociale à la critique sociologique ; dans la mesure où l'expert se propose d'appliquer les méthodes scientifiques aux questions politiques et morales, il se retrouve lui aussi en position d'arbitre suprême. Plus l'expertise est ou paraît neutre et impartiale, mieux elle justifie les décisions politiques : en les réduisant à des impératifs techniques, elle les fonde en raison parce qu'elle les fonde en nécessité. De fait, on voit tous les jours le politique se retrancher derrière l'expert : comment le tenir pour responsable de décisions qu'il ne prend que parce qu'elles s'imposent ? La technicité, l'impeccabilité scientifique réelles ou supposées de l'expertise en font un enjeu politique et idéologique. L'expertise *ad hoc*, destinée à justifier une décision *a priori*, entièrement guidée par les fins qu'on lui demande de servir, est sans doute un cas extrême, mais tout expert se trouve confronté aux demandes d'un commanditaire plus ou moins pressant, plus ou moins enclin à lui spécifier les questions qui l'intéressent et à lui suggérer les résultats qu'il attend.

L'expertise ne paraît fiable que parce que sa technicité garantit que ses verdicts sont de purs constats, exempts de tout jugement de valeur. En fait, les expertises sociologiques ne sont jamais à l'abri des valorisations et des parti pris ; la sociologie de service la plus soumise à une politique ou à une doctrine s'efforce à l'occasion de prendre l'apparence de l'expertise [11]. L'expertise sociologique la plus rigoureuse et la plus indépendante demeure très loin du modèle de l'expertise technique dérivée d'un savoir scientifique depuis longtemps constitué et éprouvé, suffisant pour décider du vrai et du faux dans le fragment circonscrit de réalité auquel on l'applique ; le sociologue (et l'économiste) expert dispose bien moins que l'ingénieur, moins encore que le médecin, d'une théorie qui lui permettrait de poser à coup sûr les

11. Sur les « parasociologies optatives, sempiternelles mouches des coches ministériels » dont elles accompagnent les politiques économiques et sociales [Grignon, Passeron, 2000, p. 10].

bonnes questions et d'avoir à l'avance l'assurance que les bonnes solutions existent. L'apparence de certitude technique que nos expertises parviennent à produire résulte pour une part de l'application mécanique à des objets particuliers d'une instrumentation et d'une formalisation mathématique empruntées aux sciences exactes ; la spécialisation, qui permet d'échapper aux lieux communs de la culture générale, mais qui ignore par définition les limites dans lesquelles elle s'enferme pour se développer, risque de transformer les recherches en études coupées de toute réflexion théorique ou critique. Faute de soumettre la demande d'expertise à la critique sociologique, on oublie que « quand il s'agit de problèmes fondamentaux, le but ne nous est pas donné » [Weber, 1963, p. 90].

En fournissant ou en paraissant fournir des réponses purement techniques aux questions politiques et morales, les expertises les plus conformes à l'esprit scientifique occultent le caractère normatif des lois dont s'occupent les sciences sociales. Elles oublient que leur constat n'a ni le même sens ni les mêmes conséquences que celui d'une loi physique : en les constatant, sans plus, on ne fait pas que les reconnaître, on les accepte. Nous avons vu que le sentiment de l'arbitraire, qui alimente l'humeur critique, fait oublier que la nécessité des lois qui régissent le monde social n'est pas moins grande que celle des lois naturelles. Par une dérive opposée et symétrique, le sentiment de la nécessité, dont l'esprit scientifique de l'expertise est animé, risque de faire oublier leur arbitraire.

## L'enquête : interprétation et prévision

Peut-on échapper à cette alternative, qui semble inscrite dans l'objet propre aux sciences sociales ? Remarquons d'abord que, loin de lui être étranger, le sentiment de l'arbitraire est constitutif de l'esprit scientifique. Le refus de s'en tenir à l'évidence de ce qui est communément tenu pour évident anime sans doute tout particulièrement les sciences sociales qui sont, de ce point de vue, les héritières de la philosophie critique : la mise en question du « cela va de soi » de la vie quotidienne ou des conventions implicites du langage procèdent de la même humeur intellectuelle que la disposition à l'étonnement, *épochè* cartésienne ou *thaumazein* husserlien. Mais la recherche des lois qui régissent la nature repose elle aussi sur le questionnement de ce qui semble aller sans dire ; pour les sciences physiques, l'évidence sensible est une apparence trompeuse, imposée par les limites et par l'échelle du fragment de réalité auquel nous avons directement accès.

Pour garder par rapport aux demandes qui se présentent l'autonomie dont elle a besoin pour être vraiment utile, la sociologie doit leur appliquer l'esprit et les méthodes de la critique sociologique. Plus une proposition semble aller de soi, et plus il faut reconstituer sa genèse et son origine sociales, plus il faut s'attacher à rapporter les valeurs dont elle est porteuse aux positions et aux intérêts des acteurs et des groupes dont elle émane, plus le sociologue doit faire la socio-analyse de son cas et de ses sympathies personnels. Faute de pratiquer cet exercice élémentaire de désenchantement, le sociologue engagé, mais aussi bien l'expert ont toutes les chances de partager des croyances qu'ils s'interdisent du même coup de relativiser et d'ajouter ainsi aux illusions que la sociologie pourrait aider à dissiper.

Dans la mesure où l'expertise est étroitement associée à l'enquête, et à l'enquête statistique [Armatte, 1992], elle oblige la sociologie à des tâches d'observation, de description et de constat qui l'aident à reformuler dans ses propres termes les problèmes sociaux et politiques qui lui sont posés. Toute enquête reste une épreuve empirique. La plus orientée, pour peu qu'elle observe les règles élémentaires de la méthode, risque encore de surprendre : elle ne confirmera jamais tout à fait les présupposés qu'on y a introduits. Cette capacité rétroactive de démenti dépend du degré auquel l'enquête porte sur des faits objectifs, c'est-à-dire sur des faits capables de résister à la volonté et à la subjectivité de l'informateur indigène comme à celles de l'analyste, et de limiter, en conséquence, leurs fantaisies interprétatives. Les « préformations », les « vues de l'esprit », les « hypothèses constructives » [Simiand, 1903] qui guident, d'une manière plus ou moins obscure, la construction de toute enquête n'empêchent pas celle-ci d'apporter des informations que l'on ignorait avant de l'avoir réalisée, et de procurer ainsi des gains de connaissance et d'intelligibilité. Ce qui importe, c'est que les résultats obtenus puissent être lus indépendamment de ces intentions, qu'on puisse les en dissocier, de manière à construire à partir d'eux de nouveaux concepts, et abandonner ou rectifier des interprétations préconçues.

On trouve sans doute quantité d'exemples d'interprétation, pour les besoins d'une cause ou d'une doctrine, des données fournies par les enquêtes ; mais l'obligation de passer du diagnostic au pronostic, de décider du vrai et du faux pour aider à la décision, conduit l'expert à faire de l'enquête un usage tout différent. S'il est vrai que l'explication triviale, suggérée par le sens commun et l'expérience subjective, se réintroduit souvent dans le commentaire des tableaux statistiques, les régularités statistiques dispensent, dans leur principe, d'expliquer, et *a fortiori* d'interpréter, parce qu'elles permettent de prévoir. Elles sont un moyen économique de mettre en évidence les relations entre les entrées et les sorties d'un processus sans avoir à connaître les enchaînements qui conduisent des causes aux effets. L'expertise fondée sur l'enquête statistique consiste donc moins à expliquer *a posteriori* une tendance ou un événement qu'à multiplier les variations imaginaires et à simuler les effets possibles des décisions politiques : « Si le nombre des places en cité universitaire augmente – si vous l'augmentez –, alors les chances des bons élèves (mention au bac, bac obtenu à 18 ans ou avant) issus de familles pauvres (moins de 5 000 francs par mois) de s'expatrier pour faire des études scientifiques longues augmentent – vous les augmentez. »

Le développement académique de la sociologie, la diversité des emplois qu'elle est parvenue à occuper ne doivent pas faire oublier qu'elle n'a pu naître que dans une configuration historique singulière, sans doute trop singulière pour durer. La sociologie dispose donc d'un délai assez court pour faire ses preuves. Faute de faire voir son avantage spécifique, de montrer que son point de vue et ses méthodes permettent seuls de se faire une idée objective et réaliste de la structure et du fonctionnement de la société, de pénétrer le mystère des rapports sociaux et de rendre ainsi la vie sociale un peu moins invivable, la sociologie proprement dite risque fort de disparaître, de se dissoudre dans des parasociologies ancillaires et de se résorber pour finir dans les variétés culturelles et dans le débat d'idées ordinaire. Pour survivre à la réunion improbable et précaire des conditions sociales qui l'ont rendue possible, la sociologie doit satisfaire un besoin latent d'intelligibilité de la société que l'inconscient des pratiques politiques et intellectuelles ne cesse de refouler et de travestir ; bref, il lui faut s'acquitter de ses fonctions sociales, quitte à renoncer pour cela à la plupart des usages sociaux auxquels elle se prête.

En travaillant à la connaissance des lois qui régissent la société et le cours de l'histoire, la sociologie aide à prévoir, et peut-être à prévenir ; c'est sans doute là que son intervention est la plus nécessaire et la plus urgente. C'est en effet en l'absence d'une connaissance suffisante de ces lois, à la faveur d'une ignorance plus ou moins docte, que germent et se développent les utopies politiques et sociales dont la réalisation tourne à la catastrophe. La nécessité d'anticiper l'ensemble des effets possibles d'une décision, *a fortiori* d'un programme, est d'autant plus grande que les sanctions de la réalité à laquelle elles s'appliquent sont plus différées et plus faciles à éluder : c'est l'absence de sanction immédiate qui permet de lancer des chimères politiques qui sont l'équivalent de ce que serait un avion conçu en l'absence de théorie aérodynamique de l'aile par mimétisme naïf avec l'oiseau. Le principal obstacle au développement de cette sociologie préventive est sans doute la tendance de la sociologie à engendrer elle-même des utopies, par le biais de pseudo-théories qui doivent une bonne part de leur succès à leur caractère prophétique. Le caractère préscientifique de ces visions personnelles du monde se voit tout particulièrement dans le contraste entre leur ambition interprétative *ex post*, capable de faire un sort au moindre signe du passé, et leur complète impuissance prédictive.

On peut espérer que les tâches d'expertise favorisent le développement de la sociologie préventive [12]. Il faut souhaiter que les générations à venir s'étonnent de la brutalité de notre médecine ; la violence primitive de notre histoire fait pourtant rêver d'une sociologie qui serait à la politique ce que la biologie est à la médecine actuelle. On en est sans doute très loin. Il faudrait pour cela que la sociologie cesse de dépendre aussi complètement de la sphère politique, et parvienne à se soustraire à une domination qui s'exerce sans qu'on y pense, par l'intermédiaire de la politisation des sociologues. Faute de quoi l'expertise risquerait de transformer la sociologie en une technologie sociale au service du plus fort : notre utopie se retournerait avant même d'avoir commencé à prendre corps. Il faudrait aussi que la sociologie parvienne à se passer des idéologies politiques qui sont, autre forme de dépendance, la drogue dans laquelle elle cherche l'inspiration et par laquelle elle s'efforce de stimuler l'enthousiasme du public. Il semble de plus en plus difficile de maintenir l'exigence d'une sociologie scientifique. C'est pourtant le seul moyen d'échapper à l'alternative de l'utopie fatale et de l'acceptation fataliste de l'ordre établi.

## Références bibliographiques


ARMATTE M. (1992), « Conjonctions, conjoncture et conjecture. Les baromètres économiques (1885-1930) », *Histoire et Mesure*, VII-1/2, p. 99-149.

BACHELARD G. (1949), *Le Rationalisme appliqué*, PUF, Paris.

BERNARD C. (1925 [1865]), *La Science expérimentale*, Baillière, Paris.

GRIGNON C. (1996), « Le savant et le lettré ou l'examen d'une désillusion », *Revue européenne des sciences sociales*, tome XXXIV, n° 103, p. 81-98.


12. Sur l'opposition entre l'esprit de l'utopiste et celui « du novateur, de l'inventeur, changeant, fantaisiste, extraverti », cf. Levi, 1992, p. 30.

GRIGNON C. (2000), « L'enquête sociologique, la critique sociale et l'expertise politique », *Revue européenne des sciences sociales*, tome XXXVIII, n° 118, p. 101-113.

GRIGNON C. (2001), « La formalisation et les sciences du récit : le cas de la sociologie », *in* J.-Y. GRENIER, C. GRIGNON, P.-M. Menger (éd.), *Le Modèle et le Récit*, Éditions de la Maison des sciences de l'homme, Paris, p. 7-43.

GRIGNON C., PASSERON J.-C. (2000 [1989]), *Le Savant et le populaire, misérabilisme et populisme en sociologie et en littérature*, Gallimard/Le Seuil, coll. « Hautes Études », Paris.

HESSE H. (1955), *Le Jeu des perles de verre*, Calmann-Lévy, Paris.

ISRAEL G. (2000), *Le Jardin au noyer*, Seuil, Paris.

LÉVI P. (1992), *Le Métier des autres*, Gallimard, Paris.

POINCARÉ H. (1927), *La Valeur de la science*, Flammarion, Paris.

RENAN E. (1984), « Cahiers de jeunesse, 1845-1846 », in *Histoire et paroles*, Robert Laffont, Paris.

SIMIAND F. (1903), « Méthode historique et science sociale », *Revue de Synthèse historique*.

WEBER M. (1963 [1919]), *Le Savant et le Politique*, Plon, Paris.

7

# Sociologie et posture critique

*Danilo Martuccelli*

La connaissance sociologique apporte de la valeur ajoutée à l'action sociale. Cette conviction se traduit par deux postures intellectuelles donnant lieu à l'état pur, à deux types de savoirs, l'expertise ou la critique. Mais si la plupart des études sociologiques prétendent les articuler harmonieusement, force est de constater que leurs relations sont souvent plus houleuses. L'une et l'autre définissent moins à terme des intérêts de connaissance divers [Habermas, 1976], qu'elles ne sont appelées à devenir, tour à tour, la correction inévitable de l'autre.

La connaissance sociologique participe, comme en atteste l'articulation de son développement institutionnel avec les besoins des administrations publiques, à l'expansion des capacités de maîtrise du monde social. Pour certains même, la sociologie serait une pièce maîtresse du processus de modernisation, tant les connaissances qu'elle produit sont un puissant levier de la rationalisation. Mais cette puissance supposée d'intervention finit par engendrer cycliquement une inquiétude quant à l'état de santé critique de la discipline. La correction salutaire est également, cycliquement, toujours à peu près la même : pour retrouver son équilibre, la sociologie ne devrait puiser que dans ses fondements disciplinaires, dans les débats politiques, se ressourcer du côté des mobilisations collectives, afin de prendre des distances avec sa réduction à un pur rôle d'ingénierie sociale.

Pour la démarche critique, le sociologue est, à la différence du cas précédent, celui qui rappelle la « réalité » contre les rêveries des acteurs, mais il est aussi celui qui met à mal les prétendues « réalités » idéologiques de la domination en illustrant ses défaillances et ses contradictions. Les sociologues s'autodécernent ainsi un *satisfecit* professionnel de vigueur critique, ne serait-ce que parce qu'ils confrontent les discours les plus autosatisfaits d'une société avec les vécus désenchantés des acteurs. Jadis accusée et bannie du ban révolutionnaire, puisque « science bourgeoise », la sociologie s'est lentement auto-investie, avec une grande complaisance professionnelle, comme la discipline critique par excellence. Mais ici aussi, tôt ou tard, et contre les fourvoiements des militants, elle est contrainte de rappeler la pertinence et le besoin des données scientifiques, le bien-fondé de l'analyse dépassionnée et rigoureuse de la vie sociale. Cette correction s'avère nécessaire puisque la volonté critique risque d'aveugler le chercheur par des *diktats* partisans, l'enfermant dans des obsessions personnelles ou des engagements moraux qui ne sont jamais ouvertement acceptés ni discutés comme tels.

La santé de la sociologie ne serait alors qu'une affaire d'équidistance entre ces deux écueils puisque l'expertise sans critique n'a pas d'âme, et que la critique sans expertise manque de chair. Les difficultés, même reconnues, sont néanmoins minimisées et conçues tout au plus comme une dérive superficielle, corrigible pour l'essentiel à l'aide d'un mouvement pendulaire allant de l'expertise à la critique et *vice versa*. Elles sont donc toujours saisies comme des tensions ne remettant aucunement en question le bien-fondé du lien entre la connaissance sociologique et l'action sociale.

Malheureusement, tout n'est pas aussi simple. S'il ne rime pas à grand-chose de dédaigner radicalement la valeur du savoir sociologique, tant les connaissances d'expertise acquises par n'importe quel sociologue et les sollicitations diverses dont il est l'objet en réduisent la portée, en revanche l'utilité ou la pertinence pratiques des connaissances sociologiques sont loin, souvent, d'être évidentes. La multiplication d'évaluations aux résultats divers, voire contradictoires, l'*aggiornamento* constant de catégories plus ou moins opérationnelles, les évidentes erreurs induites par la transposition abusive des résultats, la prolifération de résultats de recherches sans aucun gain analytique, etc., la liste des problèmes est fort longue. Autrement dit, avant même de se fourvoyer dans la critique des méfaits d'une spécialisation sans âme, il faudrait se rassurer d'abord sur la véritable nature des compétences des experts.

Mais c'est l'autre posture qui nous occupera ici. Celle qui postule que la sociologie, auto-investie attitude critique par excellence, est censée apporter de la valeur ajoutée à l'action. Ici aussi, avant même de viser la correction de ses excès, il vaut mieux examiner de plus près la réalité de ses vertus.

## Complication

Les vertus de la posture critique sont une des vérités les mieux partagées par les sociologues. Et pour la mettre en œuvre, il faut constamment que la sociologie parvienne à juguler les dérives de la critique par la force de la vérité scientifique, en se méfiant de toute représentation inadéquate de la réalité. Certes, peu de sociologues conçoivent encore le monde social comme structuré par une tension entre les illusions et les bases réelles de l'existence, une sorte de conception à double écran de la réalité. Mais dans la plupart des cas, c'est toujours de la connaissance scientifique des faits, et du dévoilement du réel qu'elle assure, qu'est supposée découler, harmonieusement, la véritable critique de la société. Et de toutes façons, pour cette perspective, un sociologue ne peut pas ne pas se confronter à la face d'ombre d'une société, à ses mensonges et à ses opacités, tant ses travaux enregistrent des écarts faramineux entre les discours officiels et les réalités sociales. Comment alors la sociologie pourrait-elle, dans sa démarche même, ne pas être critique ? Elle serait donc même la cousine jumelle de la critique.

Pourtant, sociologie et posture critique ne se confondent pas. La pensée critique ne peut pas se nourrir exclusivement de résultats de recherches. Dans ce sens, la bonne sociologie n'a jamais garanti la justesse d'une prise de position critique. Et inversement, la justesse d'une posture critique peut aller souvent à l'encontre des exigences d'une démarche sociologique.

En fait, il existe une série de tensions structurelles entre la sociologie et certaines dimensions, peut-être les meilleures, de la critique sociale. Dans la première, la vraisemblance de la connaissance produite, ainsi que la fidélité à la réalité sont de rigueur, tandis que dans la seconde, les adhésions morales et les colères personnelles sont centrales. La sociologie n'existe que lorsqu'elle permet de mieux saisir la réalité, tandis que la critique, très souvent, suppose l'évocation d'un autre monde. La sociologie est obsédée par la réalité et elle ne peut, en aucune manière, prendre de la distance à son égard ; la critique, à l'inverse, doit tôt ou tard prendre intellectuellement, face à elle, des libertés. Si la sociologie a besoin d'une certaine conception de la vérité, c'est qu'elle se mesure en se confrontant à la réalité, tandis que les mérites de la critique comme levier de l'action sont davantage fondés sur sa force de persuasion, sur ses capacités à convaincre, sur l'indignation morale qu'elle suscite, en dépit parfois même de l'invraisemblance relative des faits avancés. La posture critique s'appuie sur de sournoises, mais toujours importantes prises de distances avec la réalité. Elle est sous l'emprise, bien plus qu'on ne le croit, d'éléments subjectifs, de réactions morales qui introduisent une volonté de modification du réel, même si elle se présente rhétoriquement toujours comme une réponse à une situation donnée et aux possibilités virtuelles qu'elle recèle.

Dire alors que la sociologie en tant que science contribue à une œuvre de clarté, et qu'une fois les perspectives morales choisies, elle est contrainte à des exigences de rigueur scientifiques communes à un corps professionnel, est sur ce point une position fort juste, mais insuffisante [Weber, 1965]. La tension intellectuelle entre le travail sociologique et la posture critique est, davantage encore que la relation entre la fiction romanesque et la réalité sociale, une véritable affaire de contrebande [Vargas Llosa, 1996]. À terme, il s'agit en effet de faire passer, sans garde-fous, une volonté pour une vérité. Dans sa forme achevée, ce que la posture critique ajoute au monde dépasse incommensurablement ce que l'on tirait de lui à l'aide des études sociologiques. Et le paradoxe, c'est que parfois les images critiques ainsi construites frappent les esprits d'autres lecteurs, se transformant alors, véritablement, en formes de « connaissance » du réel. Le mystère et la mystification de toute posture critique, c'est qu'au moment même où elle est supposée décrire la réalité, elle est en fait en train de la recréer toujours, de l'inventer parfois. C'est pourquoi lorsqu'on regarde de près, les postures critiques rendent rarement véritablement compte du monde. Souvent excessives ou approximatives, plus figuratives que démonstratives, elles n'en ont pas moins une incroyable force d'énonciation et d'évocation. On peut mettre en cause le bien-fondé de la réalité économique de la plus-value, on peut difficilement faire l'impasse sur l'évocation charnelle qu'elle a transmise de l'exploitation. Après tout, l'œuvre probablement la plus profonde de critique que les sciences humaines ont produite dans le XXe siècle, celle de M. Foucault, est jugée sociologiquement souvent d'une incroyable invraisemblance. Et pourtant, ses obsessions personnelles ont fini, comme peu d'autres représentations, davantage il est vrai dans les milieux intellectuels, par devenir des formules plus ou moins quotidiennes de notre perception de la réalité.

Difficile alors de ne pas poser la question : pourquoi le travail et les enquêtes sociologiques, en dépit de leur vraisemblance ne parviennent-elles pas aussi fortement, et aussi durablement que les œuvres critiques, pourtant sinon fausses manifestement, toujours plutôt invraisemblables, à frapper les imaginations ? Comment se fait-il que, par exemple, l'établissement d'une causalité immédiate entre les préjugés raciaux au quotidien et l'extermination d'une minorité, ou encore le rapprochement entre le principe identitaire de la pensée humaine et l'holocauste, puissent, en dépit de leur invraisemblance sociale et historique, s'imposer ?

Peut-être une partie de l'explication réside-t-elle dans l'écriture. Le travail sociologique, au-delà de la diversité des méthodes, se présente toujours comme interprétant la réalité à partir des discours fournis par les acteurs eux-mêmes – quel que soit par ailleurs le degré de distance que le sociologue prend par la suite par rapport à ces représentations. Or, cette perspective conduit presque inévitablement la sociologie à rédiger ses livres dans la meilleure tradition du narrateur omniscient des grands romans du XIXe siècle [Cohn, 1981]. L'intrigue, toujours présentée avec une grande naïveté narrative, a toujours lieu à deux niveaux différents : d'une part, les péripéties « romanesques » des acteurs et, d'autre part, et de temps à autre, le regard omniscient de l'écrivain-sociologue qui émerge derrière les lignes et les événements présentés, avec plus ou moins de discrétion, pour rappeler au lecteur qu'il reste le maître de la composition finale. Dans le roman du siècle dernier, cela prenait la forme des interventions « hors fiction » du narrateur. Dans la sociologie, cela revêt le plus souvent la forme d'une lourde discussion sur les diverses perspectives d'interprétation possibles ou opposées.

Laissons ici de côté le fait de savoir si cet écart est ou non un gage de la plausibilité scientifique du discours sociologique, là où l'individu objectivé par des déterminations objectives serait incapable, livré à lui-même, d'accéder à ses propres objectivations. Plus importantes pour notre réflexion actuelle sont les conséquences directes à tirer de la structure narrative à l'œuvre. L'extériorité du regard sociologique mène à un divorce plus ou moins grand entre les différents niveaux, où à terme, la raison ultime d'une situation est placée en dehors de toute possibilité ordinaire d'action. À bien y regarder, le récit sociologique n'argumente pas tant à travers ses parties et sous-parties qu'il n'illustre une démarche à travers des morceaux transformés en séquences. Le principe majeur d'argumentation sociologique à l'œuvre est, en fait, semblable à celui des reportages télévisuels lors des sinistres : les acteurs du drame, les pompiers et les agents de secours, plus tard, plus loin, les responsables politiques. Voilà la triade des rôles, au fond rarement bouleversée, des récits sociologiques : le malaise et la désorientation des acteurs, les états d'âme du personnel d'État placé au front, enfin, le regard objectif et objectivant du sociologue.

À l'inverse, la posture critique dans ses meilleurs moments fait recours à trois autres ressources narratives. D'abord, et en rapport étroit avec le mode d'argumentation à l'œuvre dans le récit cinématographique, elle utilise des images qui, paradoxalement, vont d'autant mieux éclairer le réel qu'elles s'en éloignent ostensiblement dans un premier moment. Depuis Rousseau jusqu'à Foucault, en passant par Marx, Lévi-Strauss et l'École de Francfort, les exemples sont abondants. Par là même d'ailleurs, la posture critique se met immédiatement à l'abri de justes remarques signalant ses limites ou ses exagérations. Ensuite, son pouvoir de persuasion passe évidemment par l'emploi de formules plus ou moins littéraires s'adressant davantage à l'émotion et au sentiment d'injustice des lecteurs. La critique ici est plutôt morale, et dans notre siècle, en dépit de tous ses égarements politiques, ce fut l'essentiel de l'attitude sartrienne et de la beauté terrifiante de plus d'une formule dont il a gardé avec lui pour toujours le secret. Enfin, il existe une critique qui se place à la lisière des sciences humaines puisqu'elle accepte, avec plus d'honnêteté que les deux précédentes, qu'elle est une forme d'extrapolation imaginaire, et qui d'ailleurs très souvent se présente littérairement comme une œuvre de fiction dystopique. On pense évidemment à Kafka, Orwell et Huxley, mais aussi, et plus près de nous, même si la frontière est déjà plus poreuse, à McLuhan, Debord et Baudrillard.

Ces stratégies critiques, en dépit de leurs évidentes limitations sociologiques, parlent parfois davantage que les laborieuses études de la sociologie. Certes, pas de la même manière et pas avec les mêmes effets. Il n'empêche que le pouvoir d'évocation de la posture critique est parfois presque inversement proportionnel à son degré de vraisemblance sociologique. En revanche, l'étude sociologique, si elle parvient à restituer fidèlement une situation sociale, voit s'épuiser presque immédiatement son attitude critique dans ce qui n'est tout au plus qu'une dénonciation des souffrances ou des opportunités inégalement réparties. Les sociologues ne peuvent pas ainsi ne pas critiquer fortement les postures critiques, qu'ils jugent à juste titre exagérées, et souvent tout simplement fausses ; tandis que les tenants des postures critiques ne peuvent pas ne pas porter le soupçon de conformisme envers une discipline dont le critère même de vérité scientifique limite l'imagination critique.

## Limites

La reconnaissance d'une tension structurelle entre la connaissance sociologique et la posture critique doit nous mener à une révision de leurs liens respectifs avec l'action sociale. Et même si le problème ne se cantonne aucunement à la tradition marxiste, c'est dans ses diverses filiations, reconnues ou pas, que la sociologie a connu les expressions les plus ambitieuses de ce projet. Le problème central n'est autre que celui du passage de l'informe social et culturel à l'ordre politique et à la discipline morale. Cette perspective est inséparable de la conviction intime qu'il faut arracher les hommes de l'état brumeux ou de l'impureté dans lesquels ils se trouvent afin de les hisser à un niveau de conscience et de liberté. Le combat révolutionnaire n'était rien d'autre que la capacité à opposer à la discipline bourgeoise, mécanique et autoritaire, une contre-discipline prolétarienne autonome et spontanée. Les variantes ont été depuis fort diverses, mais il s'est toujours agi, d'une manière ou d'une autre, d'échapper à l'emprise d'une conception dominante du monde, routinière, familière, en parvenant à forger une vision alternative consciente. Dans la mesure où les individus sont plongés dans les évidences d'une conception du monde qu'ils ne problématisent pas, ils sont contraints de penser de manière désagrégée et occasionnelle. À l'inverse, grâce au savoir, les individus sont censés être capables de problématiser leurs situations de vie, de sortir d'un état non réflexif ou routinier, en parvenant à se hisser à une conception du monde réflexive et cohérente. Grâce à ce travail, l'individu doit ainsi devenir un « protagoniste », hier de l'histoire, aujourd'hui plus modestement de sa propre vie. En résumé : dans cette perspective, la connaissance critique est toujours supposée informer plus ou moins immédiatement l'action. Mais est-ce bien toujours le cas ? Un surplus de connaissance mène-t-il nécessairement à un surplus d'action, voire de libération ?

Les voies de passage de l'ignorance au savoir, et de celui-ci à l'action, par le biais de la critique, sont bien plus complexes que ce qu'un récit largement œcuménique ne le laisse entendre. Certes, une partie de la sociologie s'est efforcée de distinguer entre divers types de résistances ou d'obstacles selon qu'il s'agit de la fausse conscience, de la mauvaise foi, de l'ignorance, de l'erreur, du cynisme, de la conscience déchirée. Certes encore, la sociologie n'a cessé de questionner le lien entre les cadres d'interprétation et les opportunités d'action, comme depuis des décennies le font les théoriciens de la mobilisation de ressources.

Et pourtant ces démarches laissent souvent en dehors de la problématique les dimensions proprement morales. Or, c'est dans ce sens qu'il faut interroger le lien d'usure repérable entre la posture critique et une sorte de fatigue de l'opinion publique face à un certain discours de la dénonciation. Sartre a vécu toute sa vie durant avec l'illusion qu'il suffisait de dénoncer le scandale de l'oppression pour parvenir, si peu soit-il, à rétablir le sens de la vérité. Notre situation actuelle oblige à reconnaître les limites de cette attitude. Dans ce sens, le dérapage de certains intellectuels, au-delà des narcissismes individuels, traduit parfois un véritable désespoir. Que faire lorsqu'il ne suffit plus d'écrire pour « intervenir » sur les événements ? Que faire lorsque la dénonciation, en dépit de sa vigueur comme topique de la critique au quotidien, n'attire pas, ou d'une manière étrangement sélective, l'attention publique ? Bien sûr, aucun sociologue n'est naïf au point de penser que la publication de ses recherches pourrait mener à un changement social, qu'il suffit de connaître ou repérer les inégalités pour qu'elles soient corrigées. Mais il faut tirer toutes les conséquences du fait que nous ne sommes plus dans un monde dans lequel l'ignorance des faits pouvait encore tenir lieu, pour certains, d'excuse morale. Et il ne s'agit même plus de dire que les gens ne voulaient pas entendre ou ne voulaient pas savoir, comme cela a pu être parfois le cas à propos de l'expérience des camps de concentration. Il faut se rendre à l'évidence que l'opinion publique est désormais le plus souvent informée, et qu'elle reste indifférente.

La dénonciation s'est répandue en métastase durant le XXe siècle. Elle a accompagné avec raison l'expansion du pouvoir totalitaire, tout comme la politisation de domaines jusque-là à l'abri du regard critique, mais ce faisant, elle a fini par saper au fond ses propres bases. Pour employer une expression de Simmel, nous sommes blasés face à la dénonciation. Certes, il y a des scènes qui nous choquent toujours, et les violences politiques dénoncées ou montrées par les journalistes ont encore un rôle de catalyseur, souvent d'une empathie morale, parfois d'une prise de conscience, plus rarement d'une ébauche d'action. Mais lentement, se répand une aboulie, un état d'esprit collectif faisant que notre capacité d'indignation morale face aux injustices s'affaiblit considérablement [Tester, 1997].

Grâce en partie aux progrès des sciences sociales, l'opinion publique tolère moins aujourd'hui l'emprise des discours déconnectés des faits sociaux. De ce point de vue, des transformations bien réelles sont observables, ne serait-ce que parce que les connaissances sociologiques informent davantage les discours des acteurs. Et pourtant, comment ne pas être sensible au fait que l'augmentation de la réflexivité des acteurs sociaux sur eux-mêmes s'accroît plus rapidement que leurs capacités d'action. À terme même, et dans des figures pour le moment extrêmes et plutôt rares, voire carrément pathologiques, la connaissance devient un succédané de l'action, à la fois une explicitation de sa faiblesse et une excuse du dégagement de l'acteur. Ou encore, et pour les acteurs les plus instruits, elle opère comme un formidable levier de neutralisation critique puisque l'acteur « connaît » l'objection, même s'il se garde bien d'en tirer une quelconque conclusion pratique.

Le savoir social est en partie responsable de cette situation. Nous vivons peut-être davantage que par le passé avec une conscience accrue des abus, des injustices, des horreurs, mais surtout, nous vivons au milieu d'une intelligence croissante des interdépendances des phénomènes sociaux. Et c'est dans ce sens que la sociologie a participé, souvent involontairement, à la remise en question des valeurs de la dénonciation. Si elle ne nous choque plus guère, ce n'est pas seulement parce qu'il y aurait une sorte de relâchement moral généralisé, dont se plaignent les conservateurs depuis toujours, ou par simple aboulie, mais aussi parce que lentement, avec l'extension d'un certain type de connaissance, nous sommes capables de reconnaître, ou d'anticiper, de manière très prosaïque, le « coût » qu'une quelconque intervention publique aurait sur nos vies.

Autrement dit, la sociologie a créé un espace d'action particulier, allant fort souvent à l'encontre d'une volonté de solidarité et de mobilisation classiques. La prise de conscience croissante de nos limites d'intervention sur le monde social, pour beaucoup grâce aux connaissances produites par la sociologie dans la perception des différents risques sociaux, fait basculer en partie les stratégies de contestation vers des logiques davantage ancrées sur la protection. Les causalités ultimes étant trop lointaines, les acteurs ont tendance, plus ou moins aidés en cela par les connaissances sociologiques, sa vulgarisation ou sa perversion, à développer une série de stratégies pour se mettre à l'abri du monde, transférant à d'autres les risques de la vie moderne.

D'ailleurs, cette métastase de la dénonciation a coïncidé avec une modification du mode d'intervention des sociologues dans l'espace public. À un modèle traditionnel identifié à l'intellectuel critique énonçant le sens des événements est venu s'en ajouter un autre, propre aux sciences sociales, écoutant les murmures des gens. Dans le premier, les intellectuels énoncent, en fonction de la légitimité acquise dans leur domaine scientifique et de leurs opportunités d'intervention dans les réseaux médiatiques, le sens des événements, qui « forment » l'opinion publique, visant ainsi par leur regard à accompagner la voix des mouvements. Les seconds écoutent, et apportent alors dans leurs interventions publiques les techniques de recherche propres aux sciences sociales ; ils entendent, parce qu'ils savent entendre, en empathie avec la souffrance des autres. Les premiers se légitiment, comme toujours, par un déplacement sournois de l'aura intellectuelle du domaine scientifique à la scène politique. Les seconds se légitiment par le transfert de leur savoir-faire professionnel, de leurs compétences d'expertise dans un domaine donné, sur la scène publique.

Tendanciellement, c'est la dernière attitude qui s'impose. Les sociologues ne cessent de valider de manière croissante leurs prises de positions politiques par un appel aux résultats plus ou moins directs de leurs recherches. Par là, il s'agit de se présenter sinon vraiment comme un porte-parole, au moins comme un interprète fidèle des difficultés des gens d'en bas. La figure de l'intellectuel traditionnel surplombant les événements sociaux par le discours d'un récit tout fait sur le sens de l'histoire n'est certainement pas à regretter, mais cette tendance à légitimer sa propre position à l'aide d'une connaissance scientifique méthodologiquement obtenue est pour le moins limitée.

Si l'écoute est la vertu professionnelle majeure d'un sociologue, elle constitue en revanche une stratégie fort restreinte de prise de position politique. On ne change pas une société en restant à son écoute. On peut, certes, légitimement définir, et c'est une voie fort sage, les frontières de la responsabilité professionnelle dans l'écoute et la production de connaissances vraisemblables. Mais il faut alors être conscient du fait que ces « diagnostics », pour critiques qu'ils soient, ne peuvent aucunement tenir lieu de « projets ».

Or ces situations, pour anecdotiques qu'elles paraissent, ne doivent pas empêcher de tirer la conclusion qui s'impose. Il faut écarter d'emblée des positions extrêmes qui sous couvert de critique radicale contestent, au nom d'un nihilisme intellectuel stérile, toute validité critique à la connaissance sociologique. Dans bien des domaines de la vie sociale, il serait possible de montrer à quel point elle infléchit durablement les pratiques sociales. Il ne s'agit donc aucunement de mettre en question encore une fois l'idée, si consubstantielle à une certaine représentation de la modernité, du rôle libérateur de la raison dans l'histoire humaine. En revanche, il faut prendre acte de ce que l'action sociale n'est pas la fille prodigue de la connaissance – pour critique qu'elle soit. Idée simple et évidente, elle est loin d'être une révélation contemporaine ; elle ne fut jamais entièrement ignorée. Et pourtant, les doutes étaient comme écrasés par la confiance qu'une bonne partie des sociologues plaçaient, plus ou moins immédiatement, dans le savoir d'une part, dans les bienfaits de l'opinion publique de l'autre. Y compris dans les versions les plus réflexives et autocritiques, la sociologie n'envisage que très marginalement les méfaits possibles de la connaissance sur l'action, puisqu'elle adhère encore, malgré tout, à une image de l'émancipation associée trop naïvement au passage de formes sociales mystifiées à la vérité.

## Enjeu

Le questionnement du rapport jugé trop immédiatement comme universellement positif entre le savoir sociologique et l'action émancipatrice renvoie à des difficultés de différentes natures. À la racine, l'origine est de nature épistémologique : la sociologie doit fournir une meilleure, sinon toujours une « autre » interprétation de la conduite sociale qui doit, cependant, quelque part, quelque peu, rester proche des acteurs sociaux. La connaissance sociologique est une altérité familière. Elle risque ainsi toujours de connaître deux formes de dégradation. D'une part, des constructions trop détachées de la pratique réelle des acteurs peuvent s'avérer incapables alors d'inspirer un renouveau de pratiques sociales. D'autre part, et exactement à l'inverse, les connaissances produites, non seulement ne semblent rien apporter aux acteurs, mais, trop proches d'eux, finissent par tourner en rond, les mêmes observations se produisant et se répétant à plusieurs décennies d'intervalle.

Mais ces difficultés procèdent aussi, et c'est ce sur quoi nous nous attarderons, des modifications repérables du côté de la domination sociale. Pendant longtemps le cœur critique de la démarche sociologique, et non plus seulement donc de la posture de l'intellectuel critique, a été de montrer derrière l'ordre, les conflits. Il s'est agi alors de critiquer les images d'une modernité conquérante s'identifiant au progrès, et à la confiscation par les élites du monopole de la raison. La sociologie, bien davantage et avec bien plus de force que d'autres disciplines, a su montrer la part de domination que comprenait ce processus, mais surtout jusqu'à quel point l'exploitation et l'aliénation étaient inhérentes aux sociétés industrielles des classes. Au-delà alors de prises de positions politiques personnelles, cette attitude critique lui était presque consubstantielle, tant elle a su montrer les situations d'incertitude derrière la rationalité supposée des organisations [Crozier, 1963], et les conflits de classes derrière les valeurs d'une société [Touraine, 1973]. En bref, trouver derrière l'opacité des processus, un responsable. L'ordre social apparaissait comme une évidence et le conflit comme une réalité bien plus fragile et « cachée », ou comme une réalité participant à son maintien.

Dans l'histoire de la pensée sociologique, et en dépit du changement de langage, c'est bel et bien la formule de Marx du passage de l'« apparence » à l'« essence » qui a le mieux synthétisé cette volonté critique. Or, à ce sujet, nos sociétés ont aujourd'hui moins à faire au niveau de leurs représentations avec l'ordre et le fixisme des formes sociales, qu'avec le « désordre ». Que l'on pense à la représentation libérale de la société de marché (où tout bouge), à certaines images de la mondialisation (où tout est dérégulé), à une certaine représentation de la société (où tout est une affaire de réseaux), ou encore à une représentation de l'exclusion comme une fatalité (puisqu'il n'y a plus d'adversaire social identifiable), un bon nombre de nos représentations sociales en appelle à un renouveau de nos compétences critiques.

Dans un contexte de ce type, la posture critique doit s'infléchir. D'une part, il lui faut affronter les conséquences de l'absence d'une idéologie dominante, se défaire alors de ce qui a été, et reste souvent encore sa prétention majeure, découvrir les rapports de domination « derrière » l'apparence des événements. Désormais, elle doit se résoudre à tirer toutes les conséquences d'une domination faisant l'économie de l'imposition d'une vision globale du monde [Abercrombie, Hill, Turner, 1980]. Souvent, il ne s'agit plus de dénoncer des pratiques cachées de domination, mais de donner un sens à des situations de plus en plus transparentes, où parfois donc, y compris lorsqu'ils ont une compréhension des phénomènes, les individus ont l'expérience d'un engloutissement existentiel dont ils se sentent bien davantage les victimes que les acteurs. D'autre part, la posture critique doit reconnaître des modifications au sein de la longue tradition d'une démarche visant à permettre aux acteurs d'avoir une meilleure compréhension du monde. Pour cela elle doit faire davantage que de s'efforcer de clarifier les principes de justice à l'œuvre dans les critiques sociales ou dans les justifications des acteurs [Boltanski, Thévenot, 1991]. Elle doit participer, plus activement que par le passé, à la production d'une solidarité d'un nouveau genre exigeant, parce que les contraintes sociales agissent davantage à distance, un surcroît d'imagination dans la mise en relation d'acteurs éloignés et placés néanmoins sur un même axe de domination.

La sociologie, dans sa vocation critique, doit rompre avec la prétention d'un travail d'imputation globale, car les aspects de la domination sont désormais trop divers pour être ramenés à une perspective unique. Certes, dans bien des domaines restreints une mise en rapport de ce type est toujours présente, mais elle ne permet plus de rendre compte de tous les effets collatéraux à l'œuvre, de la pluralité des responsabilités en action. C'est pourquoi interpréter ces situations exclusivement comme des rapports sociaux qui n'ont pas pu s'engager en tant que tels, et appelant à une conflictualisation, risque de laisser échapper une partie du problème. Le négliger mène à un travail critique insuffisant. Souvent, au mieux, à l'aide du savoir social, l'acteur parvient, mais souvent en dehors de toute possibilité d'action, à se forger une représentation plus large des causalités à l'œuvre qui tient alors lieu de structuration plus ou moins imaginaire d'un rapport social absent. Mais l'acteur reste d'autant plus replié sur lui-même que les enjeux lui semblent hors de sa portée. Le rapport du sociologue à l'acteur ne peut alors que se traduire presque inévitablement par diverses formes de déception pratique, puisque les acteurs sont au moment même où ils « comprennent » leur situation comme sous l'effet d'un engrenage de rapports sociaux, persuadés qu'ils ne parviendront pas à les modifier. Ici, la lucidité, la mise en intrigue et en récit des causalités de leur propre malheur vont très souvent de pair avec la prise de conscience, paradoxalement, de la fermeture pratique des horizons. L'acteur se frustre parfois d'autant plus qu'il est devenu conscient de la situation. La prise de conscience ne libère pas, n'amène pas à l'action collective, mais se traduit par une amertume. Avouons-le : dans ces situations, la connaissance sociologique est ce qui permet, étrangement, le passage de la fatalité au ressentiment.

Au moment où les interconnexions se généralisent, les situations de vie ont tendance à se séparer analytiquement. Le monde apparaît souvent, dans l'imaginaire contemporain, à la fois comme de plus en plus intégré pratiquement, et de plus en plus analytiquement opaque et disjoint. D'ailleurs la capacité d'engagement à distance sur des affaires politiquement distantes, qui devient une exigence citoyenne indispensable dans le monde d'aujourd'hui, en pâtit fortement [Bauman, 1993]. Pour la restaurer, il faut, quelles que soient les possibilités d'analyse unitaire en termes d'explications causales, parvenir davantage à montrer la proximité des épreuves auxquelles sont confrontés les individus. La posture critique doit permettre à l'acteur de comprendre en termes sociaux des situations qu'il avait trop tendance à vivre comme personnelles, comme les études féministes ont su, bien mieux que d'autres, le montrer depuis des années. Le but est ainsi de parvenir à socialiser ces épreuves, leur ôtant une partie de leur charge négative, parvenant même à faire que des dominations ordinaires qui ont aujourd'hui trop naturellement tendance à se psychologiser soient, grâce en partie à la connaissance sociologique, resocialisées.

La sociologie, dans sa vocation critique, peut participer à ce travail en modifiant quelque peu ses récits analytiques afin de rendre compte de la similitude des états et des épreuves de domination entre groupes sociaux placés, cependant, dans des univers sociaux distants et fort différents en apparence [Martuccelli, 2001]. À trop s'attarder sur le dévoilement des causes, l'« essence » de la domination, la sociologie critique délaisse le nouvel enjeu. À savoir, la production du sentiment de ressemblance à défaut duquel la solidarité n'est pas possible. Certes, ce travail n'est plus censé déboucher directement, comme jadis le prônait la critique, vers un surplus d'action. Et il n'est ni le seul ni le principal apanage de la sociologie. Mais elle doit prendre acte que la prise de conscience passe désormais moins par un réveil critique que par un souci de communication des malheurs. Pour cela, il ne suffit plus de montrer les interdépendances structurelles. La reconnaissance de la souffrance de l'autre reste vague, parce qu'elle est alimentée par le sentiment que trop de choses nous en séparent.

La sociologie ne se confond jamais avec la posture critique, puisque ses exigences incontournables de vraisemblance et de rigueur l'en éloignent. Mais les limites croissantes d'une position faisant découler immédiatement de la vérité scientifique la vertu critique invitent à un réexamen de la complication actuelle de leurs relations. La solidarité, si nécessaire, ne sera pas un produit de la reconnaissance de la seule humanité de l'autre. Elle passe, à l'inverse, par la capacité de la posture critique à établir une relation sociale et subjective entre des situations de vie, à la fois en dépit des proximités et malgré les distances. Les sociologues, tout en respectant leurs exigences disciplinaires doivent intégrer ce nouveau besoin critique lorsqu'ils définissent leurs questions, lorsqu'ils mettent en forme leurs résultats. Dans un seul et même mouvement, il faut ainsi affirmer à la fois la différence entre la sociologie et la posture critique, et reconnaître le nouvel horizon d'échanges dans lequel sont entrées leurs relations. Dans cette situation, la sociologie a plus d'une chose à apprendre de l'imagination narrative à l'œuvre dans la posture critique et plus de modestie à envisager dans ses capacités à informer l'action.

## Références bibliographiques


ABERCROMBIE N., HILL S., TURNER B. S. (1980), *The Dominant Ideology Thesis*, George Allen and Unwin, Londres.
BAUMAN Z. (1993), *Postmodern Ethics*, Blackwell, Oxford.
BOLTANSKI L., THÉVENOT L. (1991), *De la justification*, Gallimard, Paris.
COHN D. (1981), *La Transparence intérieure*, Seuil, Paris.
CROZIER M. (1963), *Le Phénomène bureaucratique*, Seuil, Paris.
HABERMAS J. (1976), *Connaissance et intérêt*, Gallimard, Paris.
MARTUCCELLI D. (2001), *Dominations ordinaires*, Balland, Paris.
TESTER K. (1997), *Moral Culture*, Sage Publications, Londres.
TOURAINE A. (1973), *Production de la société*, Seuil, Paris.
VARGAS LLOSA M. (1996), *La utopia arcaica*, FCE, Mexico.
WEBER M. (1965), *Essais sur la théorie de la science*, Plon, Paris.

8

# Sciences, sociologie, politique : qui expertisera les experts ?

*Samuel Johsua*

Quels rapports établir entre les entrées sociologiques en éducation et les approches dites « didactiques » ? Dans le cours de leur constitution, ces dernières ont d'abord eu tendance à s'écarter des premières. Centrées sur les relations ternaires entre professeur, élève et savoirs, elles ont élaboré un système d'analyse où « le professeur » comme « l'élève » étaient des modélisations théoriques, génériques, de l'ordre didactique. Ni hommes, ni femmes, ni pauvres, ni riches, ni nationaux, ni étrangers. Quand elles s'écartaient de cet ordre didactique, c'est plutôt vers la psychologie qu'elles regardaient. Comme d'ailleurs l'avait noté Passeron [1991], pour le regretter, et pour appeler à un rééquilibrage du côté sociologique. Certes, les didacticiens n'ont jamais ignoré les grandes constantes mises à jour par la sociologie quantitativiste, par exemple l'influence massive des origines sociales sur les succès scolaire. Mais c'est plutôt avec une sociologie plus « fine », plus qualitative, que les didactiques cherchent désormais à nouer des liens, informées qu'elles deviennent de travaux comme ceux de Lahire [1998], ou de Charlot, Bautier et Rochex [1992].

La rencontre de la didactique des sciences avec la sociologie est en effet inévitable, du moins si l'on ne se contente pas d'une vision étroitement techniciste de la première. Sociologies de l'Éducation, du travail, ouvertures anthropologiques : voilà des voies de recherche dont les résultats sont autant d'aides ou/et de défis pour le didacticien. Si celui-ci veut comprendre les phénomènes d'enseignement scolaires, les relations aux savoirs qu'ils permettent, mais dont ils sont aussi la condition, ou l'obstacle, il doit sortir de son domaine de spécialisation limité, et saisir, par exemple, le sens que peut prendre telle ou telle activité dans telle institution, située et datée, pour tel(le) élève aux multiples déterminations sociales.

En même temps, la réflexion didactique se doit de rester centrée sur les rapports qui s'établissent avec les savoirs : c'est ce qui fait sa spécificité. Et elle ne peut que considérer avec attention ce que les épistémologues, les historiens des sciences lui disent quant à la nature de l'activité scientifique. Et à ce qu'en disent les sociologues, dans leurs diversité. Dans ce cadre, le présent texte est principalement consacré à analyser justement la difficulté que pose la rencontre de la didactique avec certaines de ces approches, bien particulières et fort influentes, de la dite « sociologie des sciences ».

En effet, une zone entière de cette « sociologie des sciences », rompant radicalement avec toute la tradition « internaliste » de l'histoire des sciences (comme succession de problèmes relevant de leurs seules logiques internes) s'occupe de répondre à deux questions fondatrices de ses propres préoccupations ; qu'est-ce que la science ? Et qu'est-ce que l'activité scientifique ? Mais nous voilà vite inquiets : tellement d'auteurs disent que rien ne distingue vraiment ces domaines d'autres activités humaines ! Mais alors, pourquoi tant d'efforts ? Quel sens cela aurait-il en effet de penser un système de transmission de savoirs, si ceux-ci ne peuvent revendiquer aucune authenticité, aucune portée générale, aucune efficace particulière ?

En même temps, le didacticien voit bien que ceux qui disposent d'une base, même minime, quant aux savoirs scientifiques « établis » ne se trouvent guère dans les classes dominées, et se demande s'il n'y a pas quelque intérêt symbolique

« aristocratique » au déni des sciences… Alors le modeste physicien et didacticien que je suis se dit que, peut-être, cette question gagnerait à être reprise à nouveau frais, comme question politique. C'est finalement toujours éclairant quant aux questions d'éducation.

## La tentation « postmoderne »

Affirmons-le d'entrée : il y a un aspect séduisant dans les approches mises en avant par le courant dit de la « sociologie des sciences ». Quand Amy Dahan Dalmedico et Dominique Pestre [1998, p. 105] nous disent : « Il n'est que des avantages à vouloir *aussi* penser les sciences comme des institutions sociales en interaction avec le monde matériel, de les penser de façon "matérialiste", comme travail et comme institution, et non seulement comme des systèmes d'idées », comment ne pas être conquis ? C'est ce que défend aussi Isabelle Stengers [1998] quand, faisant assaut de modestie sous les coups de la polémique initiée par Alan Sokal, elle affirme que tout le projet qui est le sien vise seulement à vraiment sauvegarder la spécificité (et les limites) des sciences, jugée comme *activité pratique*. Mais, selon les textes et les publics visés, le discours varie, devient moins prudent, plus militant, et la tentation devient forte (parfois irrésistible) de répondre d'une manière univoque à ce programme de recherche. Non seulement la science devrait être saisie comme activité sociale, mais elle devrait ne jouir d'aucun privilège par rapport à d'autres systèmes de connaissances. Comme le dit Bruno Latour [1991], « certes l'occidental peut croire que l'attraction universelle est universelle même en l'absence de tout instrument, de tout calcul, de tout laboratoire », et il a raison de critiquer le positionnement idéaliste que cela suppose. Mais il ajoute que « […] ce sont là des croyances respectables que l'anthropologie comparée n'a plus à respecter ». C'est le fameux « principe de symétrie », revendiqué par les sociologues des sciences. Mais pas toujours sous la même forme. On comprend alors qu'aussi bien des « postmodernes » déclarés que des « matérialistes » (marxistes par exemple) puissent, sans y voir de contradiction, adhérer d'enthousiasme à ce courant. C'est qu'ils ne se réfèrent pas aux mêmes énoncés. Et ils ne semblent pas remarquer qu'en plus du débat spécifique qui est en jeu (quelle est la nature de la production scientifique ?), il y a chez nombre de « sociologues des sciences » un véritable positionnement *politique*, incontestablement « postmoderne » [Johsua, 2001]. Notons cependant que celui-ci peut se combiner aussi bien avec une vigoureuse contestation sociale, comme chez Stengers, qu'avec une radicalité politique plus hésitante, comme chez Bruno Latour (voir ci-après), ou chez Michel Callon [1998].

Il y a donc une certaine injustice à regrouper des positionnements si divers dans une critique globale du « postmodernisme relativiste ». Mais, d'un autre côté – et c'est tout à fait notable – ces auteurs se soutiennent systématiquement les uns les autres, la manière dont ils ont fait bloc lors de la polémique ouverte par Alan Sokal le montre. C'est ce qui peut légitimer une interrogation commune à leur égard.

## L'imparable glissement relativiste

On connaît les points principaux partagés par tous les « constructivistes » en matière de développement des sciences. Du « programme fort » de la sociologie des sciences du milieu des années 1970, les auteurs de cette école retiennent surtout le « principe de symétrie » qui refuse tout anachronisme dans l'histoire des sciences. Un même traitement doit être appliqué pour le vrai et le faux, et il faut refuser de convoquer la suite de l'histoire « jugée » quand on s'interroge sur la manière dont se closent les « controverses scientifiques ». Ce point de vue s'est révélé extrêmement fécond en rompant avec une vision d'une science se déroulant dans le strict domaine des idées, une vision idéaliste d'une pratique sociale en fait bien concrète, qui est celle de la production des faits scientifiques. Le scientifique a pu être saisi, par cette sociologie, dans son lieu de production, le laboratoire, dans le réseau serré qui le lie aux collègues (ou concurrents), aux instruments, aux textes, aux financements, aux pressions politiques et sociales, etc.

Mais ils ont aussi en général rapidement abandonné un autre des principes fondateurs, celui de « causalité », qui consiste à faire dépendre du contexte historico-social le contenu précis de la science. En fait, cet abandon est parfaitement révélateur de ce que l'approche laisse échapper quelque chose de décisif. Ce que l'on retrouve aussi au travers de cette autre question : en définitive, comment se closent les controverses scientifiques ? Bruno Latour [1999], avec nombre d'autres, affirme que l'on ne peut en aucun cas convoquer « la nature » pour ce faire. Mais il procède ici par coups de force. Tous ses adversaires sont ramenés à Platon, qui parqua les hommes dans la « caverne », bâtissant (et se réservant) en contrepartie le monde pur des idées. Mais que Platon soit un idéaliste signifie-t-il que Bruno Latour aurait définitivement raison ? Dans ce cadre, le coup de force théorique majeur est le suivant. La Science, dit Latour, prétend parler de « La Nature ». Or, la Science n'existe pas (il n'y a que des sciences). Donc la Nature n'existe pas (il n'y a que des natures). Mais pourquoi « des sciences » ne pourraient-elles parler de « la » nature ?

L'abord de cette question conduit le plus souvent à un dialogue de sourds. Le « constructiviste » relativiste a beau jeu d'aligner les exemples qui montrent que la convocation de « la nature » dans telle ou telle controverse scientifique est tout sauf constante. Mais – et c'est là toute la difficulté – on constatera que toujours ces exemples visent « la science en train de se faire », soit qu'elle concerne une controverse en cours (l'ampleur des aspects anthropiques sur le réchauffement de la planète, la transmission de la maladie de la vache folle), soit la compréhension « de l'intérieur » d'une controverse historique. Ou bien alors sont convoquées pour l'occasion des entités fortement ésotériques pour le commun des mortels (les quarks, les gluons), dont on laisse entendre que nul ne sait si leur postérité dépassera celle des « tourbillons de Maxwell ». Alors, on pose doctement la question : peut-on raisonnablement parler de la même « nature » quand il s'agit d'une nature « avec quarks, avec gènes » ou d'une nature sans ces êtres bizarres, voire d'une « nature » avec sorcières, démons et lutins ? Mais ces façons de faire, pour efficaces qu'elles soient, sont très en retrait sur la question qu'il s'agit d'éclaircir. Pour comprendre où pêchent Bruno Latour et les siens, il ne faut surtout pas accepter de « sortir de la caverne », de quitter le monde des humains, mais il faut partir au contraire des savoirs les plus communément partagés. Par exemple, Bruno Latour est excédé par l'image d'Alan Sokal (pourquoi hésite-t-on à se jeter du quinzième étage ?). Il trouve cet argument bas et simpliste. Il est au contraire fondamental, et lui et les siens n'en ont pas fini d'en finir avec lui. En effet, il y a bien là une « science » universelle et commune à toutes les cultures : on ne se jette pas sans précautions d'une hauteur de trente mètres dans le vide. Nul besoin de Galilée pour savoir çà. Comment (par quel miracle) des rapports au savoir si divers à travers les cultures humaines pourraient-ils aboutir à une telle universalité si une nature tout aussi universelle n'imposait pas sa férule ?

## La réalité comme activité

On peut, dans ce cadre qui privilégie la connaissance « commune », saisir effectivement la réalité comme *activité*. Autrement dit comme relation sociale. Ceci me conduit à distinguer trois niveaux :

1. Le premier est celui des *objets macroscopiques* et de leur « régularité », objets au moins désignables, montrables, même si des variations subsistent quant à leur « signification ». C'est tout le problème de la « référence », traité avec des arguments fort convaincants par Ludwig Wittgenstein. On raconte que confronté aux arguments idéalistes de Bertrand Russel, le philosophe lui brandit par surprise un brandon sous le nez, et, devant

le recul spontané du mathématicien, considéra le débat comme clos… Ce recours déictique à « la nature » est en effet majeur dans le débat qui nous occupe. En fait, aucune personne sensée n'a le moindre doute sur la « réalité » universelle de ces « objets ». De plus, cela dépasse la seule espèce humaine : même un chat s'effacerait devant le bois enflammé [*cf.* Musil, 1984]. À supposer que non seulement les lois physiques (formalisées par des humains, et donc « sociales » en un sens) mais la réalité physique elle-même dépendent des communautés qui les formulent, comment expliquer que toutes les cultures humaines sans exception aient fabriqué des « lois » qui « prédisent » une arrivée difficile en cas de chute du vingt et unième étage ? Plus largement, comment la communication peut-elle être possible entre des cultures différentes si aucune signification partagée ne peut être supposée (ou bâtie) à propos des objets matériels, et des rapports à ces objets ? Par quel miracle peuvent-elles « construire », indépendamment, des conceptions justement aptes à être partagées ? Déjà Ludwig Wittgenstein, donc, avait fait justice de cette approche de la science comme « production langagière » (et d'une manière générale comme « production sociale ») pour affirmer finalement que, tôt ou tard, le langage devait laisser la place à la désignation des objets. « La lune, dira la mère à sa fille, c'est ça », en montrant l'astre du doigt. C'est peu, et c'est beaucoup. Peu comme l'ont montré les relativistes, car qu'a-t-on signifié par là ? La lune est-elle une planète, ronde et massive comme la terre, ou bien un disque plat, ou encore un morceau de carton posé là, juste au-dessus de la colline proche ? Il est clair que la réponse dépend du système de croyances sur le monde des uns et des autres. Mais c'est beaucoup, parce que ce geste de désignation n'a de sens que si la lune est un « déjà-là », indépendant des personnages.

2. Le second niveau est celui du *méso-univers* des appareils de mesure qui parlent « macroscopiquement » de grandeurs évidemment « construites » théoriquement (température, intensité), mais montrables indirectement. C'est ici qu'intervient la

« spécificité » des sciences, en particulier par la « convocation du Laboratoire » en vue de « clore les controverses » [Stengers, 1993].

3. Le troisième niveau est celui des *entités postulées* dans une modélisation (quarks, électrons), comme des signaux éloignés d'un horizon profond [Gonseth, 1994] ou encore plus, celui de grands principes (comme les « conservations » des physiciens, dont celle de l'énergie est la plus connue) non « montrables » et certes beaucoup plus fragiles.

Dans les deux derniers cas, mais surtout pour le troisième, on peut indiquer que cette « réalité » demeure comme toujours dépendante d'une activité sociale, mais cette fois partagée seulement par une minorité, donc non « universelle » en ce sens (elle n'est « montrable » qu'indirectement et à l'intérieur d'un système théorique précis) et plus mouvante. Mais, comme l'indique Pierre Bourdieu contre les relativistes, cette minorité dispose de moyens de faire le tri (entre autres la cohérence interne, la prédictibilité, l'action répétée et raisonnée sur la nature).

La science n'aurait pas de sens si elle ne construisait pas des relations entre les trois niveaux. Mais au total, c'est bien l'activité sur les objets du premier niveau qui tranche. Ces objets, selon les termes de Jean Piaget, « ne se laissent pas faire, ils résistent ». Mais ils ne « font rien » par eux-mêmes, en tout cas sur le mode de l'intentionnalité. Les relations causales de la nature ne sont pas – et ceci est décisif – *historiques* (du moins à l'échelle humaine). C'est la conclusion qu'apportait György Lukacs en son temps, et qui demeure à mes yeux parfaitement valide. Dans un ouvrage par ailleurs passionnant, Lucien Sève [1998] affirme que Lukacs l'a reniée, au moins en partie, mais je crains que ce ne soit au cours de son « autocritique » de la phase stalinienne. Cette conclusion doit-elle être maintenue ? Sève insiste sur les éléments qui vont dans le sens de l'historicité de la nature. Mais il ne donne comme exemple que des « objets » éminemment historiques (émergence des organismes vivants, irréversibilité de processus thermodynamiques, voire naissance de l'univers lui-même) sans voir que ceux-ci se moulent dans des « contraintes » fixes et anhistoriques (comme les supersymétries). Où est l'équivalent dans les sociétés humaines ? Ceci est lié, comme chacun le voit, à l'historicité ou non des choses. Finalement, le débat est là. Non pas tant de savoir si le monde est « historique » (en fait, on ne sait pas répondre à cette question), ou si du nouveau « non-laplacien » y survient. On sait que la réponse est positive, ne serait-ce qu'avec les brisures spontanées de symétrie. Mais de ce que, à cause d'historicités différentes, les logiques formelles (« calculables ») correspondent bien aux démarches scientifiques alors que les logiques « naturelles » (humaines) sont d'aspect très différents (polysémiques, sans principe de tiers-exclu, sans identité de l'être, etc.).

Mais comment les hommes bâtissent-ils des significations communes à propos du monde ? C'est là que la frontière entre le subjectif et l'objectif doit impérativement être relativisée. Dès que l'on a pris conscience que la nature ne parle pas d'elle-même, la construction du sens à son propos est une activité humaine majeure. C'est cette construction qui est irrémédiablement « historique » (historique, mais moulée dans des « contraintes »).

En conséquence, cela conduit à admettre aussi une séparation qualitative entre les sciences des objets « historiques » – dont les sciences humaines et sociales [Passeron, 1991] – et celles dont les objets ne le sont pas, sauf à une échelle sans commune mesure avec les précédentes. C'est ce que n'acceptent manifestement pas Alan Sokal et Jean Bricmont [1997], d'où une constante tentation « normative » qu'ils développent à propos des sciences « historiques ». D'où vient en effet que le livre de Sokal et Bricmont produise un certain malaise chez ceux qui ne sont guère suspects de sympathie pour le postmodernisme ? Cela tient sans doute au mélange des genres. Ils affirment haut et fort qu'ils n'ont pas compétence pour juger globalement des écrits des auteurs qu'ils critiquent, au-delà justement des emprunts indus aux sciences de la nature. Mais, malheureusement, leur livre est rempli de commentaires de biais, de notes, de phrases assassines qui indiquent sans risque d'erreur que c'est bien le contenu d'ensemble qui est visé. Le problème n'est pas ici dans leurs charges parfois bienvenues contre les « postmodernes ». Il est dans la méthode, qui non seulement regroupe dans la critique des auteurs fort divers (parfois d'une manière simplement injuste, comme dans le cas de Derrida), mais surtout qui prétend le faire au nom d'une saine (et unique ?) méthode « scientifique ». Comme si les voies d'accès à la connaissance que représentent les sciences de la nature, qu'ils défendent avec raison et ardeur contre le subjectivisme à la mode, étaient les seules possibles, les seules à pouvoir exhiber leur pertinence. Sans vouloir jouer au jeu commode des miroirs, on peut avancer qu'ils succombent là, peu ou prou, aux mêmes facilités que leurs adversaires.

Mais supposons donc admise pour l'instant l'existence d'une « nature » (au singulier). Ceci pourtant ne ferait guère litière que de l'idéalisme des « constructivistes radicaux », ou des systèmes du monde dont la « réalité » est uniquement rapportée aux hommes (voir l'incroyable clivage du monde entre « humains » et « non humains » qu'avance Bruno Latour : le soleil, un « non-humain » ?). Mais laisse presque entière celle, plus précise, du « relativisme ». C'est ce que cherchent à faire sentir avec prudence Amy Dahan Dalmedico et Dominique Pestre : « La question épistémologique, on l'aura noté, est donc rarement au cœur des préoccupations de ces travaux (un trait dont Sokal et ses amis ne semblent pas avoir saisi toute l'importance), et décider si les savoirs scientifiques sont *déterminés* (ou dans quelle proportion ils le sont) par la "nature" et par "l'humain qui en donne une représentation", est défini, dans ces études, comme une question qui n'est pas la leur, qui n'est pas leur problème du moment – et qui est peut-être, en généralité, indécidable. » [1998, p. 91.] Sauf que la dire « indécidable », c'est justement le relativisme. Cette question ne peut être mise de côté. Michel Callon est plus direct : « Les énoncés ne sont valides que dans leurs réseaux de traduction (relativisme), mais ces réseaux sont bien réels (réalisme) : tout le reste n'est que métaphysique. » [1998, p. 258.] C'est clair, net et précis. La seule réalité admise est celle des réseaux.

Pourquoi après ça se plaindre qu'Alan Sokal demande quel « réseau » explique que tout un chacun hésite à se jeter du vingt et unième étage ?

Pour aborder cette question, il convient de continuer à saisir que seule la *praxis* sociale détient la réponse. Les significations différentes attachées aux objets ne prennent leur ampleur qu'en fonction de l'action sur les choses. Mais seule l'une de ces conceptions est pertinente s'il s'agit d'envoyer une fusée... « L'attraction universelle » n'est pas une description de la nature prise en bloc, mais un *modèle théorique pour un problème abstrait*. Chaque fois que ce problème abstrait pourra être repéré, ce qui suppose sans doute « instrument, calcul, laboratoire », mais *où que ce soit et quand que ce soit*, le modèle sera bien universellement valide, jusque dans ses limites mêmes, c'est-à-dire avec une « universalité » limitée à son objet. Ainsi que les conséquences techniques qui peuvent lui être rattachées : le vol de l'avion change-t-il selon qu'il survole Paris ou une tribu Navajo ? Et, jusqu'à preuve inverse, seule la théorie physique est compatible avec cette « action ».

## La science ne couvre pas tout l'espace de la connaissance humaine

En même temps, il est décisif de comprendre que la science ne traite qu'une toute petite partie des savoirs repérables. De ce point de vue, ce sont sans aucun doute les savoirs pratiques acquis « en situation » qui sont les plus importants, au premier rang desquels les savoirs discursifs ceux qui permettent de communiquer, de s'entendre sur la signification à attribuer à une situation donnée, voire d'agir sur l'entendement des autres. Un énoncé du type : « le médecin, c'est ici ; mais il n'est pas là » se comprend immédiatement, pragmatiquement. Quelle ambiguïté potentielle pourtant dans ce simple énoncé : c'est ici ou ce n'est pas ici ? c'est là ou non ? Seule une analyse linguistique sophistiquée – qui, par exemple détaillera la subtile différence entre l'utilisation de « ici » et « là » dans la langue – peut en rendre compte au plan savant.

Tous les « savoirs quotidiens » sont de ce type : horriblement compliqués si je veux en rendre compte par des modèles rationnels, et pourtant à la portée de tout un chacun. Or ces savoirs sont, de loin, les plus nombreux et, affirmons-le, les plus utiles puisqu'ils assurent la sociabilité constitutive des êtres humains.

Il existe aussi dans la société des savoirs beaucoup plus rares et spécifiques, apanage de groupes restreints [Johsua, 1998]. Beaucoup de savoirs pratiques – je veux dire plutôt des savoirs sur la pratique – sont de cet ordre. Comment ne pas être frappé par la pertinence, la sophistication parfois, de certains de ces savoirs ? Les employés de la voirie de mon quartier à Marseille possèdent ainsi des savoirs très précis sur la manière de soulever les containers, sur l'ordre des opérations à effectuer, mais aussi sur la manière d'organiser les tournées en fonction des heures, des cités, etc. Les spécialistes auront peut-être reconnu derrière cette dernière question le fameux problème mathématique « du voyageur de commerce » qu'on ne sait toujours pas traiter d'une manière complète !

Tout dépend donc de l'endroit où l'on porte le regard. Si l'on cherche les limites de l'effet d'universalité produit par l'élaboration scientifique, on les trouvera sans peine. Mais dire que l'universalité en ce sens est un mythe ne signifie pas que « tout se vaut », et que nous ne disposons d'aucun critère dépassant les réseaux pour en juger. Un exemple : les sociologues sont à même de nous donner à voir la variété inimaginable des « manières de table ». Fort bien. Remarquons que la science (ou les sciences) de la nature n'ont effectivement *rien à dire* au sujet de cette diversité (et c'est ce qui devrait limiter toute tentation scientiste). Mais pourquoi diable, dans ces diverses manières, disons de boire, ne trouve-t-on aucune société qui ait « construit » de « boire » en jetant tout liquide derrière son épaule, et jamais dans la bouche ? Parce que « boire », *universellement*, est d'abord (physiquement, chimiquement, biologiquement) le fait d'ingérer un liquide par la bouche. On est toujours un peu gênés de rappeler ces trivialités à tant d'esprits certes moins terre à terre...

## De « l'incompétence » comme donnée centrale

Quelles sont donc les implications politiques de ce débat ? Considérons d'abord la position de ceux qui n'ont jamais fait profession de « radicalisme » en matière de transformation sociale. Bruno Latour poursuit ainsi depuis quelques années une proposition de nouvelle « constitution », qui ferait sa place aux « mixtes » (ces « objets » nouveaux que l'évolution des sciences importe dans « les natures ») et au débat à leur propos. Il a ainsi des arguments très forts et particulièrement convaincants en faveur de l'introduction des « objets » technico-scientifiques en politique, et développe à juste titre un positionnement net pour la systématisation institutionnelle du doute, et une vision de la démocratie comme ralentisseur des prises de décisions.

On peut le suivre sans réticence sur ce terrain. Nous sommes en effet confrontés à un problème complètement nouveau : celui de la projection de la science comme ingrédient principal d'un débat social majeur, qui dépasse les questions traditionnelles de son financement et de son application, mais exige inévitablement une incursion dans leur contenu même. C'est ce que sous-estiment Sokal et Bricmont, et qui apparaît clairement dès que l'on aborde par exemple des questions de santé, d'écologie, de climatologie. Jusque-là en effet, quoiqu'on ait pu en dire, la science est restée marginale dans le débat social. La plupart du temps, sa présence, même massive, était liée à un statut d'appoint pour des questions qui la dépassaient largement. Toutes les nouvelles théories scientifiques ont donné lieu à un renouvellement de la réflexion philosophique, ont tenu lieu de bases arrières dans des polémiques idéologiques féroces, mais ces théories ont été sans influence directe sur les choix sociaux. Jamais comme aujourd'hui la réponse à des questions scientifiques n'a été si directement liée à des choix décisifs engageant l'avenir d'une manière globale. Or, si l'approche scientifique qui gouverne les domaines dont traite Sokal ne couvre qu'une toute petite partie de la pratique sociale humaine, il est dangereux de demander à cette approche seule la réponse aux questions qu'elle pose pourtant réellement à la société. Il n'y aura pas de contrôle « scientifique » de la science. Ce contrôle, s'il existe, devra prendre des références, des points d'appui, en dehors d'elle. C'est ce que Sokal et Bricmont négligent, tout à leur lutte contre la haute intelligentsia. S'ils « interdisent » à cette dernière le droit de dire des bêtises au plan scientifique (et c'est vrai qu'elle a tendance à en abuser…), ils « l'interdisent » à tout le monde.

Certes, il est aisé de comprendre que la question de l'impact social des sciences serait grandement facilitée si la maîtrise des contenus scientifiques était plus répandue. Une société composée de citoyens de haut niveau scientifique, voilà l'idéal. Mais il est tout aussi aisé de se rendre compte qu'on en est loin, et pour des raisons qui ne tiennent pas toutes aux difficultés à améliorer l'enseignement scientifique de nos écoles. La première tient à l'explosion des productions scientifiques. Cela va de pair avec une spécialisation toujours accrue des disciplines. Il y a là une tendance lourde, jamais démentie depuis quatre siècles, et qui tient à la nature profonde des démarches scientifiques lesquelles multiplient les découpages théoriques des objets étudiés. Elles y gagnent en pertinence, mais y perdent en maîtrise d'ensemble. Les auteurs ne manquent pas, parmi les plus respectables et les plus prestigieux, qui appellent de leurs vœux un retournement de tendance, la fin de l'émiettement sans fin. Mais ce retournement, s'il se produit un jour, n'est pas pour demain.

De plus, même simplifiée à l'usage scolaire, la physique n'est pas un savoir spontané quelconque. Elle est le représentant de toute la science, de plusieurs siècles de théories et d'expériences accumulées. Et ce savoir se présente rarement comme la prolongation raisonnée du sens commun. Bien au contraire, on sait aujourd'hui qu'il est le produit de ruptures avec les raisonnements que l'on peut appeler « naturels ». Or, il faudrait faire les mêmes efforts pour toutes les disciplines, lesquelles, comme on l'a dit, ne cessent de se spécialiser et d'exiger des ruptures nouvelles pour simplement les comprendre, bien loin de pouvoir les produire.

Si bien que nous voilà rendus au point suivant : il y a un enjeu social fondamental à la maîtrise des sciences ; cette maîtrise ne peut s'exercer de l'intérieur des sciences seules ; mais elle exige tout de même une acculturation que l'École donne déjà, et pourrait donner encore mieux ; en étant malheureusement assurée toutefois de perdre la course de vitesse engagée avec l'explosion de la production scientifique et sa spécialisation apparemment sans fin. D'un autre côté, il est bien sûr exclu de laisser aux seuls « experts », et à leurs « réseaux », pour parler comme Latour, la responsabilité des choix à opérer. N'en déplaise aux spécialistes, non seulement nul ne peut empêcher le peuple de se saisir d'une question scientifique, surtout si elle le concerne directement, mais c'est une nécessité démocratique fondamentale.

Bruno Latour s'attache à donner une solution politique (une nouvelle « constitution ») à ces défis. Mais cela va de pair avec une vision singulièrement restrictive des « assemblées » à constituer pour en délibérer. Bruno Latour ne s'intéresse qu'à des groupes de « spécialistes » (scientifiques, politiques, économistes, moralistes : un panel pour France Culture…), le bon peuple restant manifestement dans sa Caverne. Il voue de plus, comme tous les « postmodernes », une véritable dévotion à l'interactionnisme (ici entre ces quatre groupes), et comme nombre d'entre eux, il manifeste une confiance démesurée dans la procédure. Cela dessine un monde sans conflit irrémédiable, sans contradiction insurmontable. Il va même jusqu'à dire que dans son modèle « […] ni la politique, ni les sciences *ne sont plus des pouvoirs*, mais uniquement des *savoir-faire* mis en œuvre, de façon nouvelle, pour brasser l'ensemble du collectif et le mettre en mouvement. » (C'est Latour qui souligne) [Latour, 1999.] Plus généralement, dans sa vision pacifiée et optimiste des choses, les difficultés sont surmontées par simple effet « de procédure ». S'il n'y a plus de nature, alors le savoir scientifique bâti à son propos perd de son irréductibilité au savoir commun. Il devient un « savoir-faire », certes privilégié, pour apporter des arguments supplémentaires (en plus que des objets nouveaux) grâce au laboratoire et à l'expérimentation. Mais sans plus.

Si cela est vrai (mais ça ne l'est pas), il va de soi que la question de la mobilisation du peuple dans la démocratie scientifique devient simple affaire de volonté. C'est finalement peu ambitieux. Car on bute ici sur une difficulté immédiate : le principe du débat démocratique n'est pas celui du débat scientifique. On ne décide pas de la validité d'une théorie par le vote d'une Assemblée. Il en découle une deuxième difficulté : dans ce domaine, le doute est la règle ; la certitude absente.

Le véritable problème est bien qu'il y a effectivement de l'incompétence dans le public en ce qui concerne le domaine scientifique, et que pourtant la démocratie doit donner la parole aux incompétents. Il nous faut bien penser à la fois l'expertise véritable et le droit démocratique « incompétent ». Là encore, si on veut s'en persuader, il faut quitter les hautes sphères « nobles » de la science, et discuter du même problème à propos de domaines techniques moins socialement valorisés. Faut-il par exemple voter une subvention pour doter l'équipe de football locale d'un ballon qui rebondisse moins haut que les ballons normaux de manière à faciliter le jeu de tête de la catégorie « poussins » ? Les avis autorisés à ce propos peuvent être multiples, mais supposent comme partie prenante une connaissance « technique » du jeu, laquelle n'est pas à la disposition de tous. Cette « coupure » est « irréductible » (cette technique, bien que largement partagée, ne fait pas partie de la « culture commune » au même titre que la conversation parlée en langue native, par exemple), tant qu'un apprentissage tout aussi « technique » (qui peut être plus ou moins long) ne se produit pas. En pratique, il y a fort à parier que le choix se fera en faisant confiance aux entraîneurs de l'équipe, ce qui est une des manières de décider « dans l'incompétence ». Que la question soit plus conflictuelle, plus « chargée », et il deviendra au contraire inévitable de partager le savoir technique (et non seulement, comme Bruno Latour le laisse entendre, de discuter chacun à partir de son point de vue). Ce qui est toujours possible en partie, mais peut se révéler fort délicat. Sur cet exemple on voit bien que, loin de la caricature qu'en fait Bruno Latour, le savoir technique est bien « de la caverne », jamais en dehors. Et que pourtant, il peut être spécialisé à un point tel (procédures, savoirs, modes de validation) qu'il clivera le peuple de la caverne. Je ne vois pas pourquoi ces affirmations seraient incompatibles. Je me demande d'ailleurs si ce n'est pas une conscience diffuse de ces difficultés qui conduit Bruno Latour à carrément supprimer le vrai peuple de sa « constitution ».

## La dénégation

On pourrait ici utiliser le concept freudien de « dénégation » (au moins sous cette forme analogique qui déplaît tant à Alan Sokal...). Dénier à la science la supériorité effective qu'elle s'est donnée pour certains domaines (alors que cette supériorité se manifeste de manière chaque jour plus envahissante), c'est s'empêcher de prendre les moyens de sa maîtrise sociale. Si tout est « symétrique », pourquoi tant s'inquiéter ? C'est en même temps empêcher de mesurer les difficultés à surmonter pour installer une effective « constitution » démocratique.

Il est toujours important de rappeler que le discours universaliste a souvent (toujours ?) masqué la parole brute du plus fort. Mais cela peut-il se faire au prix du basculement dans l'émiettement « postmoderne », dont est constitutif le refus de toute universalité (même partielle, même comme processus) ? Jusqu'à accepter les injonctions de Tobie Nathan [1994] quand il affirme : « Les enfants des Soninké, Bambaras, Peuls, Dioulas, Ewoundous, Dwalas, appartiennent à leurs ancêtres. Leur laver le cerveau, pour en faire des blancs républicains, rationalistes et athées est tout simplement un acte de guerre » et « Il faut favoriser les ghettos, afin de ne jamais contraindre une famille à abandonner son système culturel ? » Formules terribles que l'on peut rapprocher de celles d'Isabelle Stengers [1997] : « Ce silence permettrait d'entendre une autre voix, celle par exemple d'une mère africaine atteinte du sida, qui refuse l'avortement thérapeutique proposé : "J'ai le sida et je ne suis pas morte. Je suis donc protégée, et mon enfant le sera." Ce que nous appelons "probabilité", ou "groupe à risque", n'a aucune signification pour elle, et non par ignorance. » À rapprocher aussi, évidemment, de la campagne du président de l'Afrique du Sud, Thabo Mbeki, contre les affirmations « impérialistes » sur la nature virale du sida. Quand de telles positions peuvent être directement responsables de la mort de millions de personnes, que vaut la « symétrie » ?

Que reste-t-il alors ? La politique, au sens plein, avec le conflit entre des groupes de non-compétents, ou, pour être plus précis, avec des niveaux de compétence différents, puisqu'il est nécessaire de répéter ici avec force que « tout ne se vaut pas ». Des groupes qui débattront à partir de leurs intérêts propres (parfois irréductibles), de leurs points de vue propres, de leurs conservatismes et de leurs espoirs. Qui créeront les critères de leurs jugements à partir de leur être social, des critères légués par le passé d'un côté, et de ceux issus du débat lui-même, toujours renouvelé. Il faut espérer que dans le cours même du débat, les experts ne seront pas dominants du seul fait de leur expertise. Pour cela, il faut d'abord compter sur le débat et la confrontation entre groupes d'« experts » différents (issus des « réseaux » décrits par les sociologues des sciences), ce qui est une façon d'admettre que l'expertise, bien que tout à fait réelle, puisse n'être pas synonyme de vérité, et donc d'autorité sans appel. Il faut de plus que l'incompétence inévitable des citoyens ne soit pas synonyme d'inculture. D'où l'importance décisive de l'acculturation produite par l'École et d'un changement culturel dans le rapport aux sciences et techniques. Cela conditionne à son tour le fait que l'incompétence puisse s'amenuiser dans le cours même du débat, au moins sur les problèmes en discussion. Ceci, loin d'être une utopie, est bien la réalité manifestée par tous les mouvements sociaux qui se sont saisis en profondeur de questions où les modèles scientifiques apparaissaient comme éléments centraux du débat.

La question se pose de savoir si ce fonctionnement démocratique est possible alors que la « loi des marchés » et l'idéologie ultra-libérale se font universelles. La réponse, on le voit tous les jours, est malheureusement négative, si du moins on a de la question une vision ambitieuse. Mais c'est qu'en l'occurrence la contradiction entre incompétence obligée du plus grand nombre et développement des sciences est recouverte, sans s'annuler pour autant, par les contradictions socio-économiques. Le programme « relativiste » échoue visiblement chaque jour sous nos yeux, tant la « symétrie » revendiquée est un mythe balayé par la marchandisation généralisée. Si l'« universel » doit être entièrement construit de manière endogène par les sociétés humaines, celles-ci étant diversifiées, et hiérarchisées de fait, c'est « l'universel » de la marchandisation qui l'emportera. Or, le règne de la marchandise ne s'accompagne pas seulement de l'hégémonie barbare du triomphe de « la raison » et de la technique instrumentale, comme du « progrès » qui leur serait lié. C'est aussi, indissolublement et dès le début, le règne du chaos, seulement tempéré par l'unidimensionnalité marchande. Remplacer la critique de la marchandisation par la « critique de la Science » peut sonner fier. Mais, non content de négliger ce qui fait la racine profonde du pouvoir des sciences, on évite ainsi aussi la source principale qui empêche toute « constitution » démocratique. Dénégation, encore et toujours...

## Références bibliographiques


Callon M. (1998), « Défense et illustration des recherches sur la science », *in* Baudoin Jurdant (éd.), *Impostures scientifiques. Les malentendus de l'affaire Sokal*, La Découverte/Alliage, Paris, p. 253-267.

Charlot B., Bautier E. et Rocher Y. (1992), *École et savoir dans les banlieues et ailleurs*, Armand Colin, Paris.

DAHAN DALMEDICO A. et PESTRE D. (1998), « Comment parler des sciences aujourd'hui ? », *in* BAUDOIN JURDANT (éd.), *Impostures scientifiques. Les malentendus de l'affaire Sokal*, La Découverte/Alliage, Paris, p. 77-105.

GONSETH F. (1994), *Mon itinéraire philosophique*, Éditions de l'Aire, Paris.

JAEGLÉ P. (1998), « Subjectivité et objectivité de la connaissance scientifique », *in* L. SÉVE (éd.), *Sciences et dialectiques de la nature*, La Dispute, Paris, p. 319-344.

JOHSUA S. (1998), « Des "savoirs" et de leur étude : vers un cadre de réflexion pour l'approche didactique », *Année de la recherche en éducation*, p. 79-97.

JOHSUA S. (2001), « De la portée politique du débat sur les relations entre "les sciences" et "le réel" », *Contretemps*, n° 1, « Le retour de la critique sociale », Textuel, Paris, p. 115-125.

LAHIRE B. (1998), *L'Homme pluriel. Les ressorts de l'action*, Nathan, Paris.

LATOUR B. (1991), *Nous n'avons jamais été modernes. Essai d'anthropologie symétrique*, La Découverte, Paris.

LATOUR B. (1999), *Politiques de la nature. Comment faire entrer les sciences en démocratie*, La Découverte, Paris.

MUSIL R. (1984), « Esprit et expérience. Remarques pour des lecteurs réchappés du déclin de l'Occident », *Essais*, trad. franç., Paris, Seuil.

NATHAN T. (1994), *L'Influence qui guérit*, Odile Jacob, Paris.

PASSERON J.-C. (1991), *Le Raisonnement sociologique. L'espace non poppérien du raisonnement naturel*, Nathan, Paris.

SÈVE L. (1998), « Nature, science, dialectique : un chantier à rouvrir », *in* L. SÈVE, *Sciences et dialectiques de la nature*, La Dispute, Paris, p. 23-248.

SOKAL A. et BRICMONT J. (1997), *Impostures intellectuelles*, Odile Jacob, Paris.

STENGERS I. (1993), *L'Invention des sciences modernes*, La Découverte, Paris.

STENGERS I. (1997), *Pour en finir avec la tolérance. Cosmopolitiques VII*, La Découverte, Paris.

STENGERS I. (1998), « La guerre des sciences : et la paix », *in* BAUDOIN JURDANT (éd.), *Impostures scientifiques. Les malentendus de l'affaire Sokal*, La Découverte/Alliage, Paris, p. 268-292.

# 9

# Sociologie et engagement : nouvelles pistes épistémologiques dans l'après-1995

*Philippe Corcuff*

En France, les mouvements sociaux de novembre-décembre 1995 ont constitué une occasion de relance de l'engagement civique d'universitaires et de chercheurs en sciences sociales. En associant directement des *social scientists* à la vie éthique et politique des sociétés dans lesquelles ils sont insérés, l'engagement constitue une des entrées classiques dans la question de l'utilité sociopolitique de la sociologie. Mais ce type d'utilité ne menace-t-il pas l'autonomie du travail scientifique ? Et si ce n'est pas inéluctablement le cas, dans quelle mesure les sciences sociales peuvent-elles puiser des points d'appui d'un tel engagement en interne, dans l'autonomie de leurs métiers, et/ou en externe, dans des considérations sociales, politiques, éthiques plus larges ? Autonomie ou hétéronomie ? Je voudrais proposer ici quelques pistes épistémologiques nouvelles [1], à partir d'une expérience personnelle d'engagement en 1995 et par la suite [voir Bensaïd et Corcuff, 1998]. Cela m'amènera à revenir sur les ressources complexes et pour une part contradictoires que nous livre la tradition sociologique sur cette question. Je mènerai cette réflexion

1. La réflexion qui suit constitue la rencontre actualisée de deux publications antérieures [Corcuff, 1999 ; Corcuff et Sanier, 2000].

en essayant de dialectiser l'engagement et la distanciation, pour reprendre des catégories de Norbert Élias [1993], dans les relations des sciences sociales à l'intervention éthico-politique. J'essaierai alors de pointer une direction où l'engagement prend appui sur les acquis de l'autonomisation des sciences sociales, et en particulier sur des déplacements épistémologiques portés par un certain nombre de travaux depuis deux décennies [voir notamment Corcuff, 1995b], tout en intégrant les limites de cette autonomisation, auxquelles introduisent justement ces déplacements épistémologiques. Ces réorientations épistémologiques concernent la question des relations entre jugements de faits et jugements de valeurs et celle des rapports entre connaissance savante et connaissance ordinaire. Les deux aspects convergent pour réinterroger les relations entre acteurs et chercheurs. C'est alors, au bout du compte, le problème à la fois épistémologique et politique de la réévaluation de ce que les sciences sociales ont hérité, dans leurs présupposés, de ce que l'on nomme de manière sans doute trop globale la « philosophie des Lumières » qui est posé, en dessinant ce que nous avons appelé ailleurs des *Lumières tamisées* [Corcuff, 2001]. On convergera, chemin faisant, avec des remarques faites par le sociologue américain C. Whright Mills en 1959 dans son grand ouvrage sur *L'Imagination sociologique* [1977]. Les propositions qui sont avancées ici se nourrissent aussi des résultats et des questions associés à une série de travaux d'enquête, sur les terrains du syndicalisme et de l'action publique au quotidien.

## En revenant sur Durkheim et Weber

C'est à l'intérieur même d'une logique d'autonomisation des sciences sociales, sur des critères propres de scientificité, que des débats ont pu prendre forme sur les rapports entre jugements de faits et jugements de valeurs. Aujourd'hui, la discussion est parfois quelque peu figée : certains tendent à revendiquer une séparation tranchée entre connaissance positive et jugement normatif, alors que d'autres sont tentés de penser qu'il s'agit de *la même* chose et qu'il n'est pas alors possible de les distinguer clairement. Le premier pôle a davantage d'audience académique et se revendique souvent de l'autorité de la tradition sociologique. De ce point de vue, il n'est pas inutile de revenir sur les classiques, Émile Durkheim et Max Weber, qui ont fortement participé à la consolidation d'une autonomie scientifique dans les sciences de l'homme et de la société. Or, justement, ce retour aux « pères fondateurs » nous amène à distinguer les apports contrastés et les tensions propres aux analyses de Durkheim et de Weber et les usages plus simplificateurs de leurs textes qui ont pu se routiniser dans les sciences sociales.

On peut comprendre, dans un premier temps, la position de Durkheim [1951] dans son texte sur « Jugements de valeur et jugements de réalité » de 1911, comme une façon d'esquiver la question axiologique posée aux outils des sciences sociales. Il y indique ainsi que « la sociologie positive [...] ne traite l'idéal que pour en faire la science [...] elle le prend comme une donnée, comme un objet d'étude, et elle essaie de l'analyser et de l'expliquer » (p. 120-121). S'ouvre ainsi, de manière fort suggestive une sociologie de la morale, mais demeure comme un impensé la morale de la sociologie. Or, l'ouverture d'un nouveau champ de la sociologie peut-elle complètement se substituer à la réflexion épistémologique, entendue comme une part de la réflexivité des sciences sociales sur elles-mêmes ? Certains – je pense en particulier à la contribution de Bernard Lacroix à un colloque à Lausanne [2] – continuent pourtant, encore aujourd'hui, à se boucher les yeux et les oreilles au nom de cette part de l'orientation durkheimienne. Ce faisant, ils n'ont peut-être pas bien pris en considération d'autres aspects du texte de Durkheim. Certes, ce dernier note des différences entre jugements de réalité et jugements de valeur : les premiers exprimant « les réalités auxquelles ils

2. Lors du colloque « La sociologie est-elle un humanisme ? Politique, objectivité et sciences sociales », organisé par l'Institut de sociologie politique de l'université de Lausanne, les 29 et 30 mai 1997, dans une communication intitulée « Les usages sociaux de la morale ».

s'appliquent [...] telles qu'elles sont » et les seconds ayant fonction « de transfigurer les réalités auxquelles ils sont rapportés » (p. 119-120). Mais Durkheim marque aussi des proximités entre les deux types de jugement : « Dira-t-on que les jugements de valeur mettent en jeu les idéaux ? Mais il n'en est pas autrement des jugements de réalité. Car les concepts sont également des constructions de l'esprit, partant, des idéaux ; et il ne serait pas difficile de montrer que ce sont même des idéaux collectifs, puisqu'ils ne peuvent se constituer que dans et par le langage. » (p. 119.) Par ailleurs, Durkheim indique que dans les deux cas le jugement a aussi « une base dans le donné » (*ibid.*). Mais Durkheim ne tire pas de conséquences de ces derniers constats quant à l'épistémologie des sciences sociales. Ce qui reste alors le plus souvent dans nos disciplines, c'est davantage l'esquive que la complexité et les tensions, pourtant peut-être plus heuristiques pour remettre en chantier le problème.

Chez Weber aussi, les choses sont complexes et tendues, et pourtant c'est souvent en son nom que va être posée une stricte coupure entre jugements de fait et jugements de valeur avec, pour étendard, la fameuse « neutralité axiologique ». Un exemple récent de cette lecture trop unilatérale à mon sens des analyses de Weber, si répandue dans les sciences sociales, est donné par Nathalie Heinich dans *Ce que l'art fait à la sociologie* [1998]. La « nouvelle sociologie » dont elle se réclame serait guidée par le précepte suivant : « s'en tenir autant que possible, à la description, en s'abstenant de toute normativité – évaluative ou prescriptive » (p. 62). La difficulté à séparer nettement description et évaluation ferait partie selon elle « de ces fautes de raisonnement qui apparaîtront sans doute aux générations futures comme les indices d'un stade encore préhistorique des sciences sociales » (p. 67). Et l'appel à une suspension de « tout discours sur la nature ou la valeur des choses pour faire du discours interprétatif ou normatif – qu'il soit ordinaire ou savant, esthète ou sociologue – l'objet de son analyse » (p. 77) peut alors cumuler l'esquive durkheimienne et une « neutralité axiologique » unilatérale. On peut toutefois se demander si sa critique d'« une sociologie qui place la vérité dans la violence faite aux acteurs » et « plus soucieuse d'avoir raison sur les acteurs que de comprendre leurs raisons » (p. 85) a seulement à voir avec la science, ou si elle ne s'enracine pas également dans des considérations éthiques. Par ailleurs, le « rôle social » qui est attribué à « la neutralité engagée » du nouveau sociologue – « un rôle de médiation, de construction de compromis entre les intérêts et les valeurs en jeu, voire de refondation d'un consensus » (p. 81) – a sans doute des relations avec une certaine conception de la politique et de la démocratie, qui n'est pas la seule possible dans la conjoncture. Est-ce qu'une telle position épistémologique n'engage pas aussi quelque chose comme un choix de philosophie politique jouant, en quelque sorte, « l'agir communicationnel » de Jürgen Habermas contre « la mésentente » de Jacques Rancière ? Max Weber notait déjà que « Le "juste milieu" n'est pas le moins du monde une *vérité plus scientifique* que les idéaux les plus extrêmes des partis de droite ou de gauche. » [1992a, p. 129]. Ainsi même l'analyse « neutraliste » de Nathalie Heinich révèle au minimum des « résidus » éthiques, non strictement réductibles à une logique scientifique. Et si ce n'était pas que des « résidus », mais quelque chose de plus consubstantielle aux sciences sociales et qui nous obligeait à reconfigurer la question de « la neutralité axiologique » ?

Si l'on revient à Weber les choses apparaissent plus compliquées et restent ouvertes à une telle reconfiguration. Tout d'abord, il combat la thèse d'une science sociale sans présuppositions, car « une *portion* seulement de la réalité singulière prend de l'intérêt et de la *signification* à nos yeux, parce que seule cette portion est en rapport avec les *idées de valeurs culturelles* avec lesquelles nous abordons la réalité concrète » [1992a, p. 157]. D'où l'idée d'un « rapport aux valeurs » dans « la sélection et la formation de l'objet d'une recherche empirique » [1992b, p. 395]. Néanmoins, il tient à une distinction entre « rapport aux valeurs » et « évaluation » [1992b, p. 396]. C'est par rapport au second terme que prend sens la « neutralité axiologique » – expression d'ailleurs toujours entre guillemets chez lui –, entendue comme un refus « d'affirmer quoi que ce soit sur ce qui *doit valoir* » [1992b, p. 384] ou comme « l'exigence extrêmement triviale qui impose au savant ou au professeur de *faire absolument la distinction*, puisque ce sont deux séries de problèmes tout simplement hétérogènes, entre la constatation des faits empiriques [...] et *sa propre* prise de position évaluative de savant qui *porte un jugement* sur des faits » [1992b, p. 380]. À ce niveau, on a bien une tension entre la reconnaissance d'un « rapport aux valeurs » du savant et le fait de refuser les « évaluations ». Car, même si l'on écarte du travail scientifique des « prises de positions » directes sur « ce qui doit valoir », est-ce que l'on a affaire à des problèmes complètement « hétérogènes » et est-ce que l'on n'a pas déjà, plus indirectement, une présence du « ce qui doit valoir » dans le « rapport aux valeurs » engagé dans le travail scientifique, ses outils et son langage ?

Weber offre toutefois une autre piste, elle aussi contradictoire, pour travailler cette tension. Car il n'interdit pas complètement aux savants « d'exprimer sous forme de jugements de valeur les idéaux qui les animent » [1992a, p. 131], mais sous deux conditions. La seconde nous renvoie au pôle le plus scientiste de la première tension : la nécessité de distinguer « clairement » ce qui relève de la « discussion scientifique des faits » et du « raisonnement axiologique » [1992a, p. 132]. La première est peut-être plus intéressante dans la logique du développement actuel des sciences sociales : « porter scrupuleusement, à chaque instant, à leur propre conscience et à celle des lecteurs *quels* sont les étalons de valeur qui servent à mesurer la réalité et ceux d'où ils font dériver le jugement de valeur » [1992a, p. 131]. Réinterprétée dans le cadre des interrogations contemporaines sur la réflexivité sociologique, elle pourrait déboucher sur un effort d'explicitation des dimensions axiologiques du travail sociologique contribuant à le rendre plus rigoureux. Si on entend alors la « neutralité axiologique » comme une « visée », ainsi que le fait d'ailleurs Nathalie Heinich [1998, p. 72], ou, dans une inspiration kantienne, comme un horizon régulateur, une telle démarche réflexive pourrait constituer un instrument d'orientation vers un tel horizon, se substituant aux tentations scientistes de négation ou de purge des aspects normatifs. Un tel déplacement invite à penser tout à la fois des tensions et des passages entre l'éthique du savant et l'éthique du militant, en abandonnant les rêves de purification

## Dialectiser les rapports entre jugements de faits et jugements de valeurs

On a rappelé que deux positions tendaient à s'opposer aujourd'hui sur la question des rapports entre connaissance positive et jugement normatif : une séparation tranchée ou, à l'inverse, une identification. La première, comme je l'ai déjà indiqué, a un plus fort enracinement académique, la seconde s'exprime, par contre, rarement publiquement de manière aussi radicale. C'est davantage une possibilité logique, qui chemine de manière sous-jacente dans les critiques de la première position. Un retour plus contrasté sur Durkheim et Weber comme certains développements sociologiques contemporains pourraient signaler une autre voie, tentant de prendre en compte les inconvénients des deux positions.

La première position passerait à côté du fait que les sciences sociales ne peuvent pas complètement échapper au normatif, que leurs énoncés restent pour une part encastrés dans des schémas axiologiques [3]. On entend ici « normatif » et « axiologique » en un sens large, visant une famille de questions ayant rapport aux valeurs et ne découlant pas des strictes conditions scientifiques de production des savoirs. On voudrait simplement rappeler que nos disciplines utilisent des modes d'évaluation des comportements et des processus sociaux qui ont une double dimension *technique* (systèmes de mesure) et *morale* (systèmes de valeurs),

3. « Ceci veut dire qu'en travaillant, tous les sociologues prennent des options morales ou politiques, ou s'y réfèrent implicitement » notait C. W. Mills [1977, p. 79]. Et il ajoutait : « Les valeurs se glissent dans le choix des problèmes ; elles se glissent aussi dans les conceptions angulaires que nous employons dans leur formulation ; enfin, elles en fléchissent les solutions. » (p. 81.)

qu'il est difficile de totalement dissocier[4]. L'histoire sociopolitique des outils statistiques (avec des notions aussi apparemment « neutres » que celle de *moyenne*) mise en œuvre par Alain Desrosières [1993] est éclairante de ce point de vue, mettant en évidence la façon dont la constitution et les usages de ces techniques sont également traversés par des débats politiques et moraux.

Cette insertion normative est aussi particulièrement nette dans le cas des sociologies critiques, c'est-à-dire celles qui sont centrées sur la mise en évidence des aspects négatifs d'un ordre social (inégalités, dominations, etc.)[5]. Est-ce que justement mettre en évidence du *négatif* ne suppose pas, au moins implicitement, une référence à du *positif*, à une échelle de valeurs rendant possible l'évaluation ? Comment mettre en cause des *in*-égalités, des *in*-justices, des *dé*-possessions ou des dominations, si ce n'est en référence à des concepts plus ou moins implicites d'égalité, de justice, de possession ou de non-domination ? Si ce référent positif était nié et si donc tout énoncé était considéré comme ayant justement partie liée avec la domination, qu'est-ce qui assurerait la légitimité de la critique de la domination ? Qu'est-ce qui nous permettrait même de parler de domination, sans l'existence, au moins à titre de possibilité logique (ou utopique), d'une situation de non-domination ? Si une telle dimension axiologique, en tant que référent idéal, ne pouvait apparaître, nous serions seulement condamnés à opposer des énoncés domino-centrés aux énoncés domino-centrés existants, dans un relativisme généralisé. Ce relativisme, sous la forme du « tout se vaut », n'échapperait pas lui-même aux systèmes de valeurs puisqu'il s'agit d'un des systèmes de valeurs possibles. Mais, en général, une telle posture est rarement tenue jusqu'au bout, et l'analyste hésite plutôt entre la critique d'un négatif (à partir d'un positif dont il nie toutefois l'existence) et un relativisme pleinement assumé (qui a l'avantage tactique, dans la critique des

4. Pour C. W. Mills aussi, « Le travail sociologique n'est jamais allé sans problèmes d'évaluation » [1977, p. 79].

5. Pour des arguments plus développés, voir Philippe Corcuff et Claudette Lafaye [1996].

« chers collègues », de permettre d'attaquer tout le monde à partir de points d'appui changeants, voire contradictoires). Ainsi la question de l'instrument de mesure en sociologie enfermerait donc des questions éthiques, sans bien sûr se réduire à ces questions. C'est là que le dialogue entre sciences sociales et philosophie politique et morale pourrait s'avérer fructueux [voir Caillé, 1993 ; Corcuff, 2000]. Dans la perspective d'un tel dialogue, la sociologie des sens ordinaires de la justice et de la justification publique initiée par Luc Boltanski et Laurent Thévenot [voir Boltanski, 1990 ; Boltanski et Thévenot, 1991 ; Corcuff et Lafaye, 1996] a ouvert des pistes et offert des outils intéressants quant à l'explicitation de ses points d'appui moraux et politiques par la critique sociologique.

Il faudrait sans doute faire intervenir ici des variations historiques dans le rapport des énoncés scientifiques aux dimensions axiologiques, l'erreur étant de croire qu'on serait toujours, de manière intemporelle, devant *le même* problème. Mais cette inscription historique ne devrait pas se réduire à une vision platement évolutionniste qui verrait les sciences sociales évoluer inéluctablement du plus normatif vers le plus scientifique. Jean-Claude Passeron [1991] a mis en évidence combien une cumulativité générale n'allait pas de soi dans nos disciplines, de par leurs propriétés épistémologiques ; tels auteur ou théorie antérieurs n'étant pas nécessairement moins scientifiques que tels auteur ou théorie postérieurs, ce qui amène à relativiser la notion d'« acquis ».

Toutefois, la mise en évidence d'un encastrement axiologique des énoncés scientifiques ne mène pas nécessairement à un accord avec la seconde position. Cette dernière tombe dans un piège, souvent relevé par Ludwig Wittgenstein, consistant à tirer de relations d'*analogie* (mêlant ressemblances et dissemblances) des relations d'*identité* (une pensée du *même*), ce qui conduit souvent à des généralisations hâtives. Dire qu'il y a du normatif dans le scientifique ne veut donc pas dire qu'il n'y a *que* du normatif dans les énoncés scientifiques et que normatif = scientifique ; la notion même de « normatif », au sens large employé ici, apparentant des choses non strictement équivalentes. Il y a aussi des points d'appui proprement cognitifs et techniques au travail scientifique, qui ne sont pas réductibles à des considérations axiologiques. Ainsi, historiquement, les sciences sociales ont produit des outils d'objectivation et de distanciation rendant possible un certain détachement des deux aspects. Par ailleurs, la sédimentation de traditions scientifiques a conduit à l'émergence d'une éthique proprement scientifique, plus ou moins à l'œuvre tant dans les dispositions des personnes (amenant, par exemple, à considérer comme une transgression difficilement acceptable le fait de « bidonner » un tableau statistique ou un entretien) que dans les dispositifs collectifs de contrôle. C'est pourquoi on pourrait envisager la neutralité axiologique, non comme un donné ou même comme quelque chose que l'on pourrait facilement toucher du doigt en suivant ce qui serait la voie scientifique « pure », mais comme un horizon régulateur, jamais complètement atteignable mais orientant l'activité.

La *réflexivité*[6], à la fois individuelle (dans l'autoanalyse) et collective (dans « les contrôles croisés » qui devraient émerger des débats scientifiques), constituerait alors une dimension clé d'une telle neutralité axiologique en mouvement[7]. L'exemple de Pierre Bourdieu est dans ce cas particulièrement intéressant, en ce qu'il a développé une sociologie critique à visée scientifique incluant un impératif de réflexivité. Dans ses *Méditations pascaliennes* [Bourdieu, 1997, p. 279-288], il a pris au sérieux cette exigence, en tentant d'identifier l'anthropologie normative (la conception de l'humain) travaillant ses travaux scientifiques. Ainsi, selon lui, on ne pourrait « échapper aux jeux qui ont pour

6. Sur la réflexivité sociologique, voir notamment une expérience d'enquête sur le syndicalisme [Corcuff, 1995a] et les pistes programmatiques présentées par Gérard Mauger [1999].

7. Contre « le technicien à gages de la sociologie appliquée », caché derrière « sa prétendue neutralité », C. W. Mills défendait justement la figure de « l'intellectuel de métier » s'efforçant « d'avoir à l'esprit les hypothèses et les implications inhérentes à son travail, dont les moindres ne sont pas les significations morales et politiques qu'il revêt pour la société où il s'exerce, et pour le rôle que lui-même joue » [1977, p. 80]. Car, pour lui, « l'objectivité du sociologue réclame en effet qu'il s'efforce à tous les instants de prendre conscience de ce qu'il jette dans l'entreprise » (p. 133).

enjeu la vie et la mort symboliques » (p. 281), ce qui constituerait en quelque sorte *un invariant anthropologique*. Voilà une piste intéressante, mais il n'est pas certain qu'il n'y ait pas là une surestimation de la cohérence tant de son œuvre que de l'anthropologie qui l'innerverait. Ne serait-ce pas alors ce que Pierre Bourdieu lui-même pourrait appeler une tentation « scolastique » ? Il semble plutôt que, en fonction des recherches, des moments, des concepts utilisés ou des outils techniques mobilisés, on aurait des points d'appui normatifs différents, voire contradictoires, ou parfois, au sein d'une même analyse, flottants et hésitants. Par exemple, Claude Grignon et Jean-Claude Passeron [1989] ont mis en évidence que le concept de « capital culturel », en tant qu'instrument de mesure des pratiques culturelles légitimes propres aux univers sociaux dominants, tendait à porter des jugements de valeur légitimistes et dévalorisants vis-à-vis des pratiques populaires. D'autre part, on a suggéré ailleurs [Corcuff, 2000, p. 78-79] que la critique sociologique des mécanismes de dépossession politique des citoyens ordinaires au profit des professionnels de la politique développée par Pierre Bourdieu [notamment, 1984] pouvait avoir des points d'appui normatifs dans les idéaux de la démocratie directe. Ces quelques indications visent à pluraliser la réflexivité quant aux dimensions normatives des énoncés des sciences sociales : à un auteur ne correspondrait pas une seule orientation éthique et/ou anthropologique relevant d'un choix volontaire, mais les méthodes et les concepts utilisés dans ses différentes enquêtes pourraient renvoyer à des éléments normatifs divers et non nécessairement conscients. D'où l'importance de la réflexivité sociologique pour aider à clarifier le domaine de validité des énoncés scientifiques produits.

Dans les relations entre chercheurs et acteurs, le problème ne serait donc pas de nier, et donc de pouvoir complètement expulser, les questions axiologiques, auxquelles les énoncés scientifiques seraient associés de multiples façons, mais de les prendre en charge de manière réflexive. Cette réflexivité serait à la fois individuelle (mais la réflexivité individuelle tend à rencontrer de fortes limites, notamment de par ce que Pierre Bourdieu [1982a, p. 22] a appelé « la loi des cécités et des lucidités croisées ») et collective (dans des dispositifs scientifiques de contrôles réciproques). Elle aurait deux fonctions principales : 1) du point de vue de la recherche, afin de mieux délimiter le domaine de validité, et donc la rigueur, des énoncés sociologiques, et 2) du point de vue de l'engagement dans la cité, *en amont*, pour clarifier les appuis normatifs de nos interventions et, *en aval*, pour essayer de contribuer à orienter les usages sociopolitiques de nos travaux dans le sens qui nous semble le plus souhaitable.

Sur ce plan, nous héritons fortement de schémas intellectuels de la « philosophie des Lumières », dans les liens qui ont été posés entre le développement des sciences, leur portée démystificatrice vis-à-vis des préjugés et des dogmes, l'usage public de la raison et l'amélioration de l'ordre sociopolitique [voir notamment Cassirer, 1990]. Les analyses proposées ici ne récusent pas complètement cette perspective, mais conduisent à l'aménager. D'une part, l'histoire de notre siècle comme certaines interrogations de la philosophie et certains résultats des sciences sociales nous ont rendus moins confiants dans les capacités émancipatrices de la « science » et de la « raison », c'est-à-dire dans les progrès supposés concomitants du mouvement des connaissances positives et de l'émancipation. D'autre part, la maîtrise humaine du processus apparaît plus relative et aléatoire. Ainsi, la raison savante a sans doute perdu la position de surplomb que la philosophie, puis la science lui ont souvent attribuée. Se dessinent, à partir de là, non pas un abandon des principes des Lumières, mais une reprise plus modeste de leur pari, assoupli et déplacé, abandonnant la prétention excessive de soumettre une action humaine pluridimensionnelle, immergée dans l'histoire et les rapports sociaux, au plan d'une raison univoque, bref des *Lumières tamisées* [Corcuff, 2001].

## Dialectiser les rapports entre connaissance savante et connaissance ordinaire

Une autre question épistémologique, pour partie adjacente à celle de « la neutralité axiologique », intéresse la question de l'engagement du sociologue : celle des rapports entre connaissance savante et connaissance ordinaire. Dans ce cas aussi, de telles controverses en sciences sociales ont émergé dans le processus même de leur autonomisation scientifique.

Schématiquement, deux pôles s'affrontent. D'un côté, les tenants de « la rupture épistémologique » établissent une « coupure » nette entre les sciences sociales et les sociologies « spontanées » des agents sociaux [voir notamment Bourdieu, Chamboredon et Passeron, 1983]. De l'autre, les ethnométhodologues s'intéressent surtout à ce en quoi les « professional sociological inquiries are practical through and through », pour reprendre une expression d'Harold Garfinkel [1967, p. VIII].

Dans le sillage du travail d'Anthony Giddens [1987], on a développé, à partir d'une enquête sur le syndicalisme cheminot, une position intermédiaire [Corcuff, 1991]. À la différence des tenants de « la rupture épistémologique », cette investigation a mis l'accent sur les parentés discursives et cognitives entre les sociologies professionnelles et ce que l'on peut appeler des « sociologies des acteurs ». Sur le terrain syndical, on peut ainsi observer des ressemblances entre des analyses d'acteurs et des schémas savants : culturalisme (comme ceux développés par Renaud Sainsaulieu), sociologie des mouvements sociaux (Alain Touraine), dialectique des habitus et des champs (Pierre Bourdieu), individualisme méthodologique (Raymond Boudon), constructivisme (Peter Berger et Thomas Luckmann), etc. On peut parfois repérer ce que Pierre Bourdieu [1982b] appelle des « effets de théorie » (des sciences sociales vers les acteurs) mais, dans d'autres cas, la genèse des formes cognitives-discursives concernées apparaît plus diffuse, et alimente l'hypothèse d'une relation dans l'autre sens (des acteurs vers les chercheurs). On doit par ailleurs noter, à propos de l'idée de rupture avec le « sens commun », que ce sens commun est pluriel, voire contradictoire, au niveau de l'ensemble social comme au niveau individuel, et qu'en se détachant de certains segments du sens commun, on peut en rejoindre d'autres.

Mais, à la différence des tentations ethnométhodologiques, ce travail a mis en évidence que les sociologies professionnelles et les sociologies des acteurs s'inscrivent dans des catégories de pratiques partiellement dissemblables, au sein desquelles, par exemple, la réflexivité n'a pas la même importance. Il n'y a pas *que* de la connaissance ordinaire dans la connaissance sociologique savante ; penser des proximités, ce n'est pas rabattre un univers pratique et cognitif sur un autre. Pour reprendre une notion d'Alfred Schütz [1987], les « systèmes de pertinences » des chercheurs et des acteurs sont autonomes. Ainsi, le système de pertinences du chercheur est en général davantage décentré par rapport à ce qui se passe ou s'est passé dans la situation observée. En s'inspirant de Ludwig Wittgenstein [1961], on peut dire que des « formes de vie et d'activité » pour une part dissemblables alimentent des « jeux de langage » pour une part différents. Ainsi le travail d'explicitation, de formalisation et de réflexivité est, à des degrés divers en fonction des catégories de situations, économisé par les acteurs, alors qu'il est justement constitutif de l'économie du temps du travail du chercheur professionnel. Et même quand les acteurs ont recours à des outils théoriques formalisés ou à une forte réflexivité, à la manière des sciences sociales, c'est souvent sous les contraintes pragmatiques d'une action en train de se faire. Mais ces « jeux de langage », ou plus exactement ces *jeux de connaissance*, sont dotés d'une autonomie seulement relative, puisqu'il existe des processus d'interpénétration et que peuvent être identifiées des formes cognitives-discursives analogues dans des univers de pratiques différents.

Cette voie d'analyse permet de penser tout à la fois des ressemblances *et* des différences, des continuités *et* des discontinuités entre sociologies professionnelles et sociologies des acteurs, *mais aussi* des interrelations (donc dans les deux sens : la formalisation de concepts par les chercheurs à partir de schémas cognitifs-discursifs ordinaires et l'usage par les acteurs de notions venant des sciences sociales). L'implication du chercheur (cognitive, langagière, pratique, dans des groupes particuliers comme dans des rapports sociaux plus larges) est autant un point d'appui qu'un obstacle au travail de recherche, alors que les outils conceptuels et techniques dont il hérite de la tradition sociologique peuvent constituer des ressources mais aussi des écrans dans la construction de son objet. Ce qui constitue un obstacle, tant dans l'enquête proprement dite que dans l'élaboration d'une analyse sociologique, apparaît ainsi plus complexe que l'idée d'une « coupure » entre les univers ordinaires et les conceptualisations savantes ne le laisse entendre. Par exemple, des enquêtes ont pu mettre en évidence que, quand des terrains se sont appropriés des outils venant des sciences humaines, un affinement de l'analyse peut passer par une mise à distance de ces outils. Ainsi le vocabulaire du « pouvoir » et les thématiques de la sociologie des organisations initiée par Michel Crozier ayant connu une certaine diffusion au sein des univers administratifs, un approfondissement du travail sociologique sur ces terrains est susceptible de passer par une investigation sur le pouvoir comme catégorie ordinaire de l'action publique ; ce qui suppose sa mise entre parenthèses comme outil sociologique [voir Corcuff et Lafaye, 1993]. Autre cas : se rapprocher de l'expérience ordinaire de la compassion, entendue comme éthique pratique et *corporéifiée* [8], chez des infirmières implique de se distancier des rationalisations générales qu'une part de ces infirmières puisent dans les sciences humaines, et en particulier dans la psychanalyse, et qui les poussent, par exemple, à rechercher « derrière » leurs « pulsions » altruistes à l'égard des malades des relations « sado-masochistes [9] ». Si, donc, les sciences sociales impliquent

8. Pour une première approche d'un tel modèle de compassion, voir Philippe Corcuff [1996].

9. On trouve ainsi dans un livre destiné à la formation des infirmières, écrit par une infirmière, par ailleurs psychologue et enseignante dans une école d'infirmières [Isabelle Conseil, 1990], un passage sur les « Apports des concepts freudiens à l'étude de la profession » (p. 92-97), comportant trois points : « Le narcissisme » (p. 92-93), « Le maso-

un double mouvement de distanciation et de compréhension, bref une *distanciation compréhensible*, elles ne débouchent pas à proprement parler sur une « rupture épistémologique » univoque.

Cette perspective suggère plusieurs propositions : 1) le rapport aux acteurs fait déjà partie des métiers des sciences sociales et une des sources d'alimentation des sciences sociales, pas seulement quant aux informations mais aussi en ce qui concerne les outils langagiers et cognitifs, vient de la vie quotidienne ; 2) ces relations ne sont pas exclusives d'une autonomie du travail scientifique ; et 3) cette double dimension ne justifie pas une prétention hiérarchique de surplomb, mais tout au plus des échanges et des traductions entre des univers de pratiques pour une part dissemblables.

Mais que nous disent ces analyses quant au concept de *raison*, que les sciences sociales ont notamment hérité de « la philosophie des Lumières » [Cassirer, 1990] [10], et à l'universalisme qui lui est fréquemment associé dans les passages mêmes du cognitif au politique (l'amélioration de la condition humaine par le recours à la raison contre les préjugés associés à l'ordre ancien) ? Encore une fois, notre approche amène à relativiser et à pluraliser une telle visée, sans nécessairement en abandonner tous les éléments. Ainsi, raison savante et raisons pratiques ne constituent pas un ensemble homogène, même si elles peuvent avoir des liens. Et quand des *ressources* savantes sont impliquées dans l'action, c'est parmi et en relation avec d'autres ressources, dans la dépendance de l'action en train de se dérouler, en fonctionnant comme des *repères* de l'action, et non des déterminants de celle-ci. Là aussi les Lumières ne s'en trouvent pas éteintes mais simplement « tamisées » [Corcuff, 2001].

---

chisme et le sadisme » (p. 93-94) et « La place du sadisme et du masochisme dans la relation infirmière-malade » (p. 94-97). Dans ce dernier point est écrit notamment à propos de la « position de domination » du soignant et de « dépendance » du malade (p. 94) : « Si la dimension du sadisme n'est pas clairement apparente chez tout soignant, elle nous a toujours semblé plus ou moins omniprésente dans les relations soignant-soigné. » (p. 96.)

10. « Le rôle de la raison dans les affaires humaines et l'idée que l'individu est l'hôte de la raison, tels sont les deux grands thèmes légués par les philosophes du Siècle des Lumières aux sociologues d'aujourd'hui », écrivait, par exemple, C. W. Mills [1977, p. 172].

## Une fonction heuristique de l'utopie ?

Le constat de l'encastrement axiologique des sciences sociales nous conduit à une zone d'interrogation qui tend à échapper à leurs outils traditionnels, et que des tentations scientistes pourraient même nier. Pourtant, contre cette pente positiviste, on peut penser avec C. W. Mills que « C'est seulement en mettant ouvertement ces influences à la question que les hommes peuvent pleinement les connaître, et par là régler leurs retentissements sur le travail sociologique et sur sa signification politique » [1977, p. 181] ; Mills parlant là des « influences » du « jugement implicite, en morale et en politique ». Dans cette investigation réflexive, la sociologie ne peut sans doute pas prétendre se boucler sur elle-même, sans dialogue avec la philosophie comme avec les disciplines adjacentes. Car, ainsi que l'a noté Pierre Bourdieu [1982a, p. 23], « on ne doit pas attendre de la pensée des limites qu'elle donne accès à la pensée sans limites », même si justement la réflexivité individuelle et collective est susceptible d'élargir les marges du pensable.

Souvent, les implications éthiques et politiques du sociologue ont avant tout été considérées comme des « obstacles épistémologiques », c'est-à-dire comme des entraves à la scientificité de ses analyses, en le pourvoyant par avance en fausses évidences nées du « sens commun ». Aujourd'hui, on est peut-être en mesure d'envisager leur ambivalence : toujours obstacles épistémologiques dont le chercheur doit se méfier à un bout de la chaîne, mais également stimulant cognitif à un autre bout [11]. N'a-t-on pas besoin, pour ne pas être trop déséquilibrés, de marcher sur ses deux jambes, dans leurs tensions comme dans leurs contrôles réciproques ? C'est peut-être une façon de retrouver la double ambition de rigueur et d'imagination que C. W. Mills assignait à la sociologie. La question de l'imagination sociologique a vraisemblablement pâti, dans la logique légitime de l'autonomisation des sciences sociales autour de critères propres,

11. Sophie Wahnich [2000] a défendu, dans la dynamique de la recherche historique, une combinaison analogue des visées éthiques et scientifiques.

d'un investissement trop exclusif dans les nécessaires exigences de rigueur scientifique. Les engagements éthiques et politiques du sociologue, s'ils ne sont plus simplement diabolisés mais appréhendés dans leur dualité, peuvent aider à relancer cette question, en réouvrant la liste des ressources dont le sociologue peut faire son miel. Face au « rétrécissement du champ de l'attention » du chercheur, à « l'inhibition méthodologique » et aux « spécialisations arbitraires », C. W. Mills proposait, entre autres, de « débrider l'imagination » en recourant notamment à « l'incongruité » et à des « monde(s) imaginaire(s) que j'agrandis ou que je rétrécis à ma volonté » [1977, p. 219]. Non pas pour se substituer aux épreuves de l'enquête, mais pour alimenter le questionnement et la constitution des dispositifs d'enquête. Ce qui était congruent avec sa caractérisation de l'objet de la sociologie : « l'humaine diversité, où entrent tous les univers sociaux au sein desquels les hommes ont vécu, vivent ou pourraient vivre » (p. 135). Il y aurait donc *une fonction heuristique de l'utopie* dans la recherche sociologique, tout à la fois comme outil de dé-naturalisation de ce qui existe à un moment donné, dans un contexte socio-historique spécifique, mais aussi comme instrument pour élargir l'espace mental de l'enquête, le champ des questions posées. On rejoint, *in fine*, dans les *Lumières tamisées* que dessinent les sciences sociales contemporaines, l'inspiration utopique partie prenante de la philosophie des Lumières.

On était partis de l'engagement comme orientation controversée du sociologue vers un certain type d'utilité sociopolitique, et l'on débouche sur l'utilité proprement sociologique de cette utilité extérieure. Ce cheminement suppose de reconnaître la tension, l'ambivalence et la fragilité dans les rapports de nos métiers scientifiques avec l'éthique et la politique, et donc l'indépassable impureté de nos pratiques.

BENSAID D. et CORCUFF P. (1998), « Le travail intellectuel au risque de l'engagement », *Agone*, Marseille, n° 18-19.
BOLTANSKI L. (1990), *L'Amour et la Justice comme compétences*, Métailié, Paris.
BOLTANSKI L. et THÉVENOT L. (1991), *De la justification*, Gallimard, Paris.
BOURDIEU P. (1982a), *Leçon sur la leçon*, Minuit, Paris.
BOURDIEU P. (1982b), *Ce que parler veut dire*, Fayard, Paris.
BOURDIEU P. (1984), « La délégation et le fétichisme politique », *Actes de la recherche en sciences sociales*, n° 52-53, juin.
BOURDIEU P. (1997), *Méditations pascaliennes*, Seuil, coll. « Liber », Paris.
BOURDIEU P., CHAMBOREDON J.-C. et PASSERON J.-C. (1983), *Le Métier de sociologue* (1re éd. 1968), Mouton, Paris.
CAILLÉ A. (1993), *La Démission des clercs. La crise des sciences sociales et l'oubli du politique*, La Découverte, Paris.
CASSIRER E. (1990), *La Philosophie des Lumières* (1re éd. 1932), trad. franç., Presses Pocket/« Agora » et Fayard, Paris.
CONSEIL I. (1990), *La Personnalité de l'infirmière et son incidence sur ce choix professionnel*, Lamarre, coll. « Recherche Infirmière », Paris.
CORCUFF P. (1991), « Éléments d'épistémologie ordinaire du syndicalisme », *Revue française de science politique*, vol. 41, n° 4, août.
CORCUFF P. (1995a), « Quand le terrain prend la parole... Éléments de sociologie réflexive », *L'Homme et la Société*, n° 115.
CORCUFF P. (1995b), *Les Nouvelles Sociologies*, Nathan, coll. « 128 », Paris.
CORCUFF P. (1996), « Ordre institutionnel, fluidité situationnelle et compassion. Les interactions au guichet de deux caisses d'allocations familiales », *Recherches et Prévisions*, CNAF, n° 45, septembre.
CORCUFF P. (1999), « Le sociologue et les acteurs : épistémologie, éthique et nouvelle forme d'engagement », *L'Homme et la Société*, n° 131.
CORCUFF P. (2000), *Philosophie politique*, Nathan, coll. « 128 », Paris.
CORCUFF P. (2001), « Les Lumières tamisées des constructivismes. L'humanité, la raison et le progrès comme transcendances relatives », *Revue du MAUSS*, n° 17.
CORCUFF P. et LAFAYE C. (1993), « Les dilemmes de l'équilibre social. Une innovation locale dans le secteur HLM », *Revue française des affaires sociales*, vol. 47, n° 3, juillet-septembre.
CORCUFF P. et LAFAYE C. (1996), « Légitimité et théorie critique. Un autre usage du modèle de la justification publique », *Mana*, université de Caen, n° 2.
CORCUFF P. et SANIER M. (2000), « *Social scientists* et syndicalistes. Éthique du travail intellectuel et nouvelles formes d'engagement dans l'après-décembre

1995 », *in* P. FRITSCH (éd.), *Implication et engagement. Hommage à Philippe Lucas*, Presses universitaires de Lyon, Lyon.

DESROSIÈRES A. (1993), *La Politique des grands nombres. Histoire de la raison statistique*, La Découverte, Paris.

DURKHEIM É. (1951), « Jugements de valeur et jugements de réalité » (1re éd. 1911), repris dans *Sociologie et philosophie*, PUF, Paris.

ELIAS N. (1993), *Engagement et distanciation. Contributions à la sociologie de la connaissance* (1re éd. 1983), trad. franç., Fayard, Paris.

GARFINKEL H. (1967), *Studies in Ethnomethodology*, Englewood Cliffs, Prentice Hall.

GIDDENS A. (1987), *La Constitution de la société* (1re éd. 1984), trad. franç., PUF, Paris.

GRIGNON C. et PASSERON J.-C. (1989), *Le Savant et le Populaire*, Hautes Études-Gallimard-Seuil, Paris.

HEINICH N. (1998), *Ce que l'art fait à la sociologie*, Minuit, Paris.

MAUGER G. (1999), « Pour une sociologie de la sociologie. Notes pour une recherche », *L'Homme et la Société*, n° 131.

MILLS C. W. (1977), *L'Imagination sociologique* (1re éd. 1959), trad. franç., Maspero, « Petite Collection Maspero », Paris.

PASSERON J.-C. (1991), *Le Raisonnement sociologique*, Nathan, Paris.

SCHUTZ A. (1987), *Le Chercheur et le Quotidien* (sélection dans les *Collected Papers* I et II, publiés de manière posthume en 1962 et 1964), trad. franç., Méridiens-Klincksieck, Paris.

WAHNICH S. (2000), « Archives, objet empirique et intuition du rapport passé/présent de l'historien », dans CURAPP, *Les Méthodes au concret*, PUF, Paris.

WEBER M. (1992a), « L'objectivité de la connaissance dans les sciences et la politique sociales » (1re éd. 1904), repris dans *Essais sur la théorie de la science*, trad. franç., Presses Pocket, Paris.

WEBER M. (1992b), « Essai sur le sens de la "neutralité axiologique" dans les sciences sociologiques et économiques », (1re éd. 1917), repris dans *Essais sur la théorie de la science*, trad. franç., Presses Pocket, Paris.

WITTGENSTEIN L. (1961), *Investigations philosophiques*, (rédigées vers 1936-1949), trad. franç., Gallimard, coll. « TEL », Paris.

# Les auteurs

| | |
|---|---|
| Robert Castel | Directeur d'études à l'EHESS, membre du Centre d'études des mouvements sociaux (CNRS). |
| Philippe Corcuff | Maître de conférences à l'Institut d'études politiques de Lyon, membre du Groupe de sociologie politique et morale (CNRS). |
| Claude Dubar | Professeur à l'université de Versailles Saint-Quentin-en-Yvelines ; directeur du laboratoire Printemps (CNRS). |
| Claude Grignon | Sociologue, président du comité scientifique de l'Observatoire de la Vie étudiante. |
| Samuel Johsua | Professeur en sciences de l'éducation à l'université de Provence ; directeur du Centre de recherche interdisciplinaire : apprentissage, didactique, évaluation. |
| Bernard Lahire | Professeur à l'ENS Lettres et Sciences humaines, membre du Groupe de recherche sur la socialisation (CNRS). |
| Danilo Martuccelli | Chargé de recherches au CNRS, membre du CADIS (CNRS), détaché à l'université de Lille-3. |
| Louis Quéré | Directeur de recherches au CNRS, membre du Centre d'études des mouvements sociaux (CNRS). |
| François de Singly | Professeur à la faculté de sciences sociales de la Sorbonne, directeur du Centre de recherches sur les liens sociaux (CNRS). |

# Table

# Dans la même collection

La Découverte/Poche

## Littérature et voyages

Fadhma Amrouche, *Histoire de ma vie.*

Taos Amrouche, *Le grain magique.*

Ibn Batûtta, *Voyages* (3 tomes).

Louis-Antoine de Bougainville, *Voyage autour du monde.*

René Caillié, *Voyage à Tombouctou* (2 tomes).

Christophe Colomb, *La découverte de l'Amérique. Journal de bord et autres écrits, 1492-1493* (tome 1).

Christophe Colomb, *La découverte de l'Amérique. Relations de voyage et autres écrits, 1494-1505* (tome 2).

James Cook, *Relations de voyage autour du monde.*

Hernan Cortés, *La Conquête du Mexique.*

Bernal Díaz del Castillo, *Histoire véridique de la conquête de la Nouvelle-Espagne* (2 tomes).

Charles Darwin, *Voyage d'un naturaliste autour du monde.*

Charles-Marie de La Condamine, *Voyage sur l'Amazone.*

Homère, *L'Odyssée.*

Jean-François de Lapérouse, *Voyage autour du monde sur* l'Astrolabe et la Boussole.

Bartolomé de Las Casas, *Très brève relation de la destruction des Indes.*

Louis-Sébastien Mercier, *L'an 2440, rêve s'il en fut jamais.*

Louis-Sébastien Mercier, *Le tableau de Paris.*

Louise Michel, *La Commune, histoire et souvenirs.*

Martin Nadaud, *Léonard, maçon de la Creuse.*

Paul Nizan, *Aden Arabie.*

Mongo Park, *Voyage dans l'intérieur de l'Afrique.*

Lady M. Montagu, *L'islam au péril des femmes.*

Marco Polo, *Le devisement du monde, le livre des merveilles* (2 tomes).

*Mémoires de Géronimo.*

Victor Serge, *Le Tropique et le Nord.*

Victor Serge, *Les Années sans pardon.*

Inca Garcilaso de la Vega, *Commentaires royaux sur le Pérou des Incas* (3 tomes).

## Essais

Mumia Abu-Jamal, *En direct du couloir de la mort.*

Mumia Abu-Jamal, *Condamné au silence.*

Rochdy Alili, *Qu'est-ce que l'islam ?*

Michel Authier et Pierre Lévy, *Les arbres de connaissances.*

Louis Barthas, *Les carnets de guerre de Louis Barthas, tonnelier, 1914-1918.*

Nicolas Beau et Jean-Pierre Tuquoi, *Notre ami Ben Ali.*

Michel Beaud, *Le basculement du monde.*

Sophie Bessis, *L'Occident et les autres.*

Paul Blanquart, *Une histoire de la ville.*

Augusto Boal, *Jeux pour acteurs et non-acteurs.*

Augusto Boal, *Théâtre de l'opprimé.*

Lucian Boia, *La fin du monde.*

Philippe Breton, *L'utopie de la communication.*

François Burgat, *L'islamisme en face.*

Ernesto Che Guevara, *Journal de Bolivie.*

François Chobeaux, *Les nomades du vide.*

Denis Clerc, *Déchiffrer l'économie.*

Daniel Cohn-Bendit, *Une envie de politique.*

Sonia Combe, *Archives interdites.*

Adam Czerniaków, *Carnets du ghetto de Varsovie.*

Les Éconoclastes, *Petit bréviaire des idées reçues en économie*

Frantz Fanon, *Les damnés de la terre.*

Gustave Folcher, *Les carnets de guerre de Gustave Folcher, paysan languedocien, 1939-1945.*

Daniel Guérin, *Ni Dieu ni Maître* (2 tomes).

Roger-Henri Guerrand, *Les lieux.*

Roger-Henri Guerrand, *L'aventure du métropolitain.*

Jean Guisnel, *Guerres dans le cyberespace.*

Jean Guisnel, *Libération, la biographie.*

Alain Joxe, *L'empire du chaos.*

Joseph Klatzmann, *Attention statistiques !*

Paul R. Krugman, *La mondialisation n'est pas coupable.*

Bernard Lahire (dir.), *À quoi sert la sociologie ?*

Pierre Larrouturou, *Pour la semaine de quatre jours.*

Christian Laval, *L'école n'est pas une entreprise.*

Jean-Pierre Le Goff, *Les illusions du management.*

Jean-Pierre Le Goff, *Mai 68, l'héritage impossible.*

Pierre Lévy, *L'intelligence collective.*

Pierre Lévy, *Qu'est-ce que le virtuel ?*

Paul Lidsky, *Les écrivains contre la Commune.*

André L'Hénoret, *Le clou qui dépasse.*

Alain Lipietz, *La société en sablier.*

Gilles Manceron, *Marianne et les colonies.*

Ernest Mandel, *La pensée politique de Léon Trotsky.*

Charles-Albert Michalet, *Qu'est-ce que la mondialisation ?*

Alexander S. Neill, *Libres enfants de Summerhill.*

Sven Ortoli et Jean-Pierre Pharabod, *Le cantique des quantiques, le monde existe-t-il ?*

Daya Pawar, *Ma vie d'intouchable.*

Paulette Péju, *Ratonnades à Paris.*

Pascal Blanchard *et al*, *Zoos humains.*

Michel de Pracontal, *L'imposture scientifique en dix leçons.*

Jeremy Rifkin, *La fin du travail.*

Charles Rojzman, *Savoir vivre ensemble.*

Bertrand Schwartz, *Moderniser sans exclure.*

Armartya Sen, *L'économie est une science morale.*

Victor Serge, *L'an I de la révolution russe.*

Victor Serge, *Vie et mort de Léon Trotsky.*

Maryse Souchard, Stéphane Wahnich, Isabelle Cuminal, Virginie Wathier, *Le Pen, les mots.*

Isabelle Stengers, *Sciences et pouvoirs.*

Benjamin Stora, *Imaginaires de guerre.*

Benjamin Stora, *La gangrène et l'oubli.*

Pierre Vermeren, *Le Maroc en transition.*

Pierre Vidal-Naquet, *Algérie : les crimes de l'armée française.*

Michel Wieviorka, *Une société fragmentée ?*

Michel Wieviorka, *Le racisme, une introduction.*

## Sciences humaines et sociales

Louis Althusser, *Pour Marx.*

Benedict Anderson, *L'imaginaire national.*

Jean-Loup Amselle et Elikia M'Bokolo, *Au cœur de l'ethnie.*

Paul Bairoch, *Mythes et paradoxes de l'histoire économique.*

Étienne Balibar et Immanuel Wallerstein, *Race, nation, classe.*

Stéphane Beaud, *80 % au bac... et après ?*

Miguel Benasayag, *Le mythe de l'individu.*

Yves Benot, *Massacres coloniaux 1944-1950.*

Yves Benot, *La Révolution française et la fin des colonies.*

Bernadette Bensaude-Vincent et Isabelle Stengers, *Histoire de la chimie.*

Philippe Pignarre, *Le grand secret de l'industrie pharmaceutique.*

Philippe Breton, *La parole manipulée.*

François Chast, *Histoire contemporaine des médicaments.*

Jean-Michel Chaumont, *La concurrence des victimes.*

Yves Clot, *Le travail sans l'homme ?*

Serge Cordellier, *La mondialisation au-delà des mythes.*

Georges Corm, *L'Europe et l'Orient.*

Mike Davis, *City of Quartz. Los Angeles, capitale du futur.*

Alain Desrosières, *La politique des grands nombres.*

François Dosse, *L'empire du sens.*

François Dosse, *Paul Ricœur.*

Mary Douglas, *Comment pensent les institutions.*

Mary Douglas, *De la souillure.*

Florence Dupont, *L'invention de la littérature.*

Jean-Pierre Dupuy, *Aux origines des sciences cognitives.*

Patrice Flichy, *Une histoire de la communication moderne.*

François Frontisi-Ducroux, *Dédale.*

Yvon Garlan, *Guerre et économie en Grèce ancienne.*

Peter Garnsey et Richard Saller, *L'Empire romain.*

Jacques T. Godbout, *L'esprit du don.*

Nilüfer Göle, *Musulmanes et modernes.*

Anne Grynberg, *Les camps de la honte.*

E.J. Hobsbawm, *Les bandits.*

Will Kymlicka, *Les théories de la justice. Une introduction.*

Camille Lacoste-Dujardin, *Des mères contre les femmes.*

Yves Lacoste, *Ibn Khaldoun.*

Bernard Lahire (sous la dir. de), *Le travail sociologique de Pierre Bourdieu.*

Bruno Latour, *Nous n'avons jamais été modernes.*

Bruno Latour, *Pasteur : guerre et paix des microbes.*

Bruno Latour, *Politiques de la nature.*

Bruno Latour et Steve Woolgar, *La vie de laboratoire.*

Prosper-Olivier Lissagaray, *Histoire de la Commune de 1871.*

Geoffrey E.R. Lloyd, *Pour en finir avec les mentalités.*

Georg Lukacs, *Balzac et le réalisme français.*

Armand Mattelart, *L'invention de la communication.*

Armand Mattelart, *La communication-monde : histoire des idées et des stratégies.*

Armand Mattelart, *Histoire de l'utopie planétaire.*

John Stuart Mill, *La nature.*

Arno Mayer, *La « solution finale » dans l'histoire.*

Gérard Mendel, *La psychanalyse revisitée.*

François Ost, *La nature hors la loi.*

Élisée Reclus, *L'homme et la Terre.*

Roselyne Rey, *Histoire de la douleur.*

Maxime Rodinson, *La fascination de l'islam.*

Maxime Rodinson, *Peuple juif ou problème juif ?*

Richard E. Rubenstein, *Le jour où Jésus devint Dieu.*

André Sellier, *Histoire du camp de Dora.*

Jean-Charles Sournia, *Histoire de la médecine.*

Isabelle Stengers, *Cosmopolitiques* (2 tomes).

Francisco Varela, *Quel savoir pour l'éthique.*

Francisco Vergara, *Les fondements philosophiques du libéralisme.*

Jean-Pierre Vernant, *Mythe et société en Grèce ancienne.*

Jean-Pierre Vernant, *Mythe et pensée chez les Grecs.*

Jean-Pierre Vernant, Pierre Vidal-Naquet, *Mythe et tragédie en Grèce ancienne* (2 tomes)

Michel Vovelle, *Les Jacobins.*

Max Weber, *Économie et société dans l'Antiquité.*

Max Weber, *Le savant et le politique.*

William Foote Whyte, *Street Corner Society.*

C. Wright Mills, *L'imagination sociologique.*

## État du monde

*États-Unis, peuple et culture.*

Pierre Gentelle (dir.), *Chine, peuples et civilisation.*

Camille Lacoste-Dujardin et Yves Lacoste (dir.), *Maghreb, peuples et civilisations.*

Jean-François Sabouret, *Japon, peuple et civilisation.*

François Sirel, Serge Cordellier et *alii*, *Chronologie du monde au 20e siècle.*

BUSSIÈRE CAMEDAN IMPRIMERIES

GROUPE CPI

Composition Facompo, Lisieux
Impression réalisée sur Cameron
à Saint-Amand-Montrond (Cher)
en août 2004.
Dépôt légal : août 2004
N° d'impression : 043028/1.
*Imprimé en France*